21世纪会计系列规划教材 **应用型**

新编管理会计学

辅导与练习

（第四版）

单昭祥 杨国臣 薛铃琦 编著

Xinbian Guanli Kuaijixue

Fudao yu Lianxi

东北财经大学出版社 | 大连
Dongbei University of Finance & Economics Press

图书在版编目（CIP）数据

新编管理会计学辅导与练习 / 单昭祥，杨国臣，薛铃琦编著. —4版.
—大连：东北财经大学出版社，2022.7
（21世纪会计系列规划教材·应用型）
ISBN 978-7-5654-4512-5

Ⅰ. 新… Ⅱ. ①单… ②杨… ③薛… Ⅲ. 管理会计-高等学校-教学参考资料 Ⅳ. F234.3

中国版本图书馆CIP数据核字（2022）第068050号

东北财经大学出版社出版
（大连市黑石礁尖山街217号 邮政编码 116025）
网 址：http：//www.dufep.cn
读者信箱：dufep@dufe.edu.cn
大连日升彩色印刷有限公司印刷 东北财经大学出版社发行

幅面尺寸：170mm×240mm 字数：249千字 印张：12.5
2022年7月第4版 2022年7月第1次印刷

责任编辑：高 铭 孔利利 责任校对：子 禾
封面设计：冀贵收 版式设计：原 皓

定价：32.00元

教学支持 售后服务 联系电话：（0411）84710309

如有印装质量问题，请联系营销部：（0411）84710711

第四版前言

有一本好的教材，也要有一本好的辅导书！

为了帮助同学们学好《新编管理会计学》，明确学习管理会计的目的和要求，抓住管理会计的重点与难点，掌握管理会计的知识结构及每章的内容结构，从而准确地把握“管理会计学”这门课程的全部内容，并将其应用于会计管理实践，我们编写了《新编管理会计学辅导与练习》，相信本辅导书对学习管理会计的同学们大有裨益。开卷必有益，勤练定提高。

在编写本书的过程中，编著者力求体现以下三个特点：

一、一致性

本书在体系结构的设计、概念的阐述，以及各章内容的安排上，都与主教材保持一致，以便学生结合主教材更好地掌握管理会计的基本理论、基本方法、决策会计、执行会计等全部内容。

二、概括性

本书对主教材进行了归纳和高度概括，每章都从本章内容结构、学习目的与要求、本章重点与难点三个方面进行了提炼。

1.本章内容结构

该部分给出本章知识点的结构框架图，指出各个知识点的相互联系，指明学习思路，帮助学生把握本章的知识结构，从而有利于本章内容的学习。

2.学习目的与要求

该部分主要说明为什么学习本章内容，要达到什么目的，从而指明学习方向，同时提出学习本章内容的具体要求，以便实现学习目的。

3.本章重点与难点

该部分纵观全章内容，给出本章重点，指出本章难点，并对本章进行归纳、概括和总结，使学生更好地把握主教材，理解主教材，将主教材中的知识更好地应用于管理会计实践。

三、实用性

以教学大纲为依据，根据各章的考核知识点及考核要求，以灵活的题型，全面覆盖、确定本章的各种练习题，按目前普遍采用的填空题、单项选择题、多项选择题、判断题、名词解释、简答题、业务题七种题型进行编写，并给出了相应的参考答案，便于学生核对自己的答题结果，检验学习效果，以便学生较好地掌握本章的概念、原理及方法，加深对管理会计学的认识和理解，提高分析问题、解决问题的能力，为用所学，学有所用。

本书由单昭祥、杨国臣、薛铃琦编著，由单昭祥设计并撰写各章内容结构、学习目的与要求，重点与难点。本书第一、二、三、四章由杨国臣执笔，第五、六、七、八章由薛铃琦执笔，最后由单昭祥进行总纂定稿。

由于时间仓促，水平所限，书中疏漏在所难免，敬请读者批评指正。

编著者

2022年3月

目　录

全书知识结构

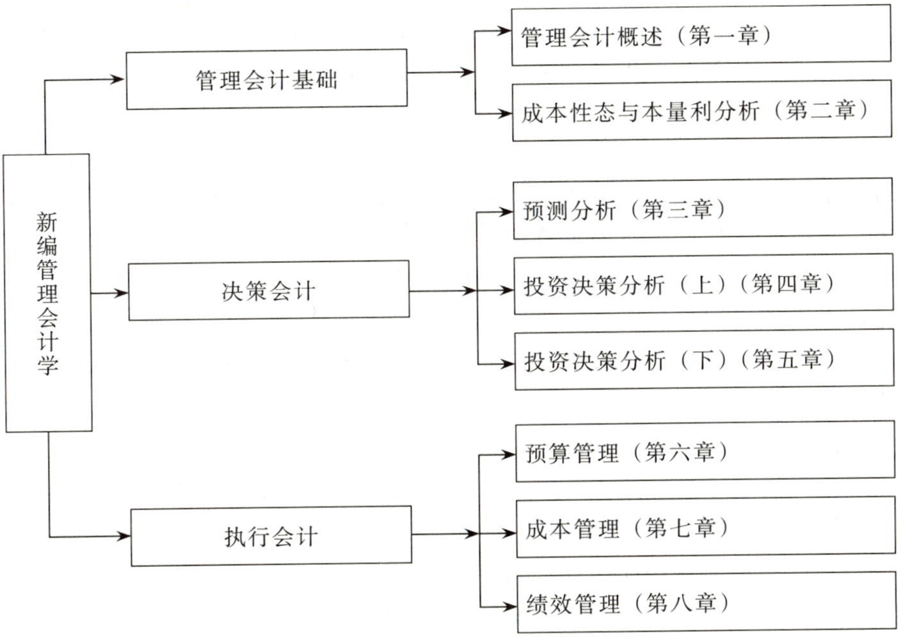

全书共分三部分。

第一部分为管理会计基础，阐述了管理会计的理论基础和基本工具方法两部分内容。

管理会计的基本理论为第一章管理会计概述，重点是第二节管理会计的职能、目标、内容和应用原则，第三节管理会计应用要素。由于全书都是围绕管理会计的五个职能及与其相适应的工作内容展开的，本书将管理会计研究的主要内容分为决策会计（履行预测、决策职能）和执行会计（履行规划、控制、考评职能）两部分，因此，第一章第二节是对全书内容的高度概括。企业应用管理会计，必须掌握“应用环境、管理会计活动、工具方法、信息与报告”四要素，否则就不可能较好地应用管理会计，因此第一章第三节是应用管理会计的基本前提。

管理会计的工具方法虽然有很多，但第二章成本性态与本量利分析中的本量利分析却是管理会计工具方法中最基本的工具方法。之所以将其称为管理会计的最基本工具方法，是因为“成本、收入、利润”是企业永恒的话题，不论是决策会计，还是执行会计，都离不开成本、收入、利润，因此，以成本性态分析为基础的反映成本、收入、利润依存关系的本量利分析就构成了管理会计的最基本工具方法。

第二部分为决策会计，阐述了预测分析和决策分析，体现了管理会计预测经济前景、参与经济决策两项职能。它处于管理会计的核心地位，又是管理会计形成的关键标志之一。第二部分共三章，包括预测分析和决策分析两部分内容。

预测分析为第三章，重点是利用预测分析的定量分析和定性分析方法，对经营预测分析四个方面的内容——销售预测、成本预测、利润预测和资金预测所进行的分析，以及为使预测具有可信性和可操作性的误差估计。

决策分析为第四章和第五章。其中，第四章投资决策分析（上）——对内短期投资决策，重点要求掌握影响短期投资决策的重要因素，在此基础上掌握短期投资决策分析的评价标准和评价方法，并利用这些评价标准和评价方法对短期投资决策的三方面内容——生产决策、定价决策和存货决策进行决策分析。第五章投资决策分析（下）——对内长期投资决策，重点要求掌握影响长期投资决策的重要因素，在此基础上掌握长期投资决策的静态评价指标和动态评价指标，并利用这些评价指标，对单一方案是否可行、多个互斥可行方案选优和多个独立可行方案组合进行决策分析。

第三部分为执行会计，阐述了预算管理、成本管理和绩效管理三部分内容，体现了管理会计规划经济目标、控制经营过程和考评经营业绩三项职能，是在通过一系列科学预测和决策程序，在经营方针和决策目标已经明确的前提下，履行管理会计的规划、控制和考评职能，而上述职能是通过管理会计中的某种管理来实现的，如预算管理、标准成本管理、作业成本管理、质量成本管理、战略成本管理、产品寿命周期成本管理、绩效管理等等。因此，每一种管理通常都包含规划（通常以预算或计划来表现）、控制和考评三个环节，介绍每一种管理或制度，一般都要介绍规划、控制、考评三项基本内容，而上述每种管理往往都不是孤立存在的，而是与其他管理结合在一起，构成一种完整的管理系统。例如：预算管理中的有关成本规划（通过预算编制来表现），既可以利用标准成本管理的标准成本，又可以利用作业成本管理中的作业成本；预算管理中的有关成本控制，既可以利用标准成本管理中的成本控制及其差异分析，又可以利用作业成本管理中的流程控制，还可以利用绩效考评中平衡计分卡进行成本控制；至于预算管理中的绩效考评，既可以利用传统的业绩考评方法——责任会计，又可以利用综合业绩考评方法——平衡计分卡。也就是说，每种管理都不是固定的专用模式，而是常常相互交织在一起，逐一去介绍这些管理，不可避免地会产生重复。为节省篇幅，同时照顾管理会计的职能作用和内容结构，这一部分分三章：第六章预算管理，主要介绍管理会计规划职能；第七章成本管理，主要介绍管理会计控制职能；第八章绩效管理，主要介绍管理会计考评职能。把预算管理放到第六章，重点强调规划，即预算编制；把标准成本管理、作业成本管理、质量成本管理、战略成本管理、产品寿命周期成本管理放在第七章，重点强调控制；把平衡计分卡放在第八章，重点强调绩效考评。实际上，本部分的三章是一个不可分割的完整的执行会计系统，每一章都包含了规划、控制和考评三项内容，只不过侧重点不同，且出于管理会计的职能作用，而人为地将本部分分为三章而已。

第一章

管理会计概述

一、本章内容结构

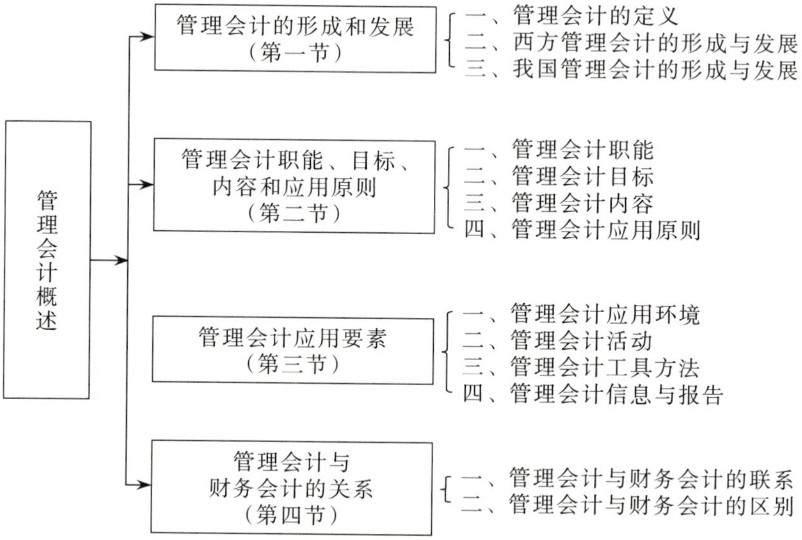

本章首先介绍了管理会计基本理论——管理会计的形成和发展；其次，介绍了管理会计五项基本职能——预测经济前景、参与经济决策、规划经济目标、控制经营过程、考评经营业绩；再次，介绍了管理会计目标——在提高资源利用效率基础上的净收益更大化以及管理会计的两项基本内容——决策会计、执行会计；最后，介绍了应用管理会计的四要素——应用环境、管理会计活动、工具方法、信息与报告；第五，介绍了管理会计与财务会计的三条联系和十一条区别。

二、学习目的与要求

（一）学习目的

熟悉管理会计的基本理论。

（二）学习要求

了解管理会计的形成与发展，掌握管理会计的职能、目标与内容，管理会计的应用环境、管理会计活动、工具方法、信息与报告，熟悉管理会计与财务会计的联系与区别。

三、本章重点与难点

（一）重点

1.管理会计的五项职能：预测经济前景；参与经济决策；规划经济目标；控制经营过程；考评经营业绩。

2.从会计角度看管理会计的内容：包括决策会计、执行会计；从管理角度看管理会计内容：包括战略管理、预算管理、成本管理、营运管理、投融资管理、绩效管理、风险管理七大类。

3.应用管理会计的四项要素：管理会计应用环境、管理会计活动、管理会计工具方法、管理会计信息与报告。

（二）难点

1.管理会计的五项职能。

2.管理会计与财务会计的联系与区别。

四、练习题

（一）填空题

1.西方管理会计的形成与发展，大致可区分为两大阶段：（ ）阶段和（ ）阶段。

2.泰罗的科学管理学说，当时在会计上主要是通过科学地制定“标准成本”，严格地进行（ ）和（ ）来体现的。

3.在决策性管理会计中应用较多的学科是（ ）和（ ）。

4.管理会计以强调价值创造为核心，发展了一系列新的决策工具和管理工具。它是以（ ）和（ ）为主体，实现“在提高资源利用效率基础上的净收益更大化”，帮助企业管理者作出各种专门决策的一套信息处理系统。

5.纵观我国管理会计的形成和发展，大体上可划分为三个阶段：（ ）阶段、由（ ）转变阶段和中国特色管理会计体系建设阶段。

6.预测是指根据过去和现有的信息，运用一定的科学手段和方法，预计、推测客观事物未来发展（ ）或（ ）的行为。

7.决策是在充分考虑各种可能的前提下，按照客观规律的要求，（ ）并（ ）未来活动方案的过程。

8.决策既是企业经营管理的（ ），又是各级各类企业管理者的（ ）。

9.规划是对企业未来的生产经营活动进行科学的（ ）与（ ）。

10.管理会计活动是指企业利用管理会计（ ），运用管理会计（ ），在预测、决策、规划、控制、考评等方面服务于企业管理所需要的相关活动。

11.控制是对企业日常的经营活动进行严密（　　）和（　　）的过程。

12.管理会计履行控制经营过程的职能是将经营过程（　　）同（　　）有机地结合起来，即以计划或预算为标准，并根据执行过程中的实际与计划或预算的偏差进行原因分析，以便及时采取措施进行调整，改进工作，确保经营活动的正常进行。

13.考评是对经营活动的实际成果对照既定的目标或标准进行（　　）和（　　）的过程。

14.管理会计的内容从会计的角度可以分为（　　）和（　　）两大类。

15.决策会计是指管理会计系统中侧重于发挥（　　）和（　　）职能的最具有能动作用的会计子系统。

16.决策会计处于管理会计的（　　），同时又是现代管理会计形成的（　　）之一。

17.执行会计是指在决策目标和经营方针已经明确的前提下，为执行既定的决策方案而进行的有关规划、（　　）和（　　），既确保奋斗目标的顺利实现，又能调动企业全体职工积极性的会计子系统。

18.管理会计和财务会计都处于现代经济条件下的现代企业环境中，它们的工作对象（　　），都是企业再生产过程中的（　　）。

19.管理会计信息是指在管理会计应用过程中所使用和生成的（　　）和（　　）。

20.管理会计报告是管理会计（　　）的重要表现形式，旨在为（　　）提供满足管理需要的信息。

21.管理会计报告按期间可以分为（　　）报告和（　　）报告。

22.管理会计报告按内容可以分为（　　）报告和（　　）报告等类别。

（二）单项选择题

1.下列不属于我国管理会计发展三个阶段的是（　　）。

A.执行性管理会计阶段

B.决策性管理会计阶段

C.由执行性管理会计向决策性管理会计转变阶段

D.中国特色管理会计体系建设阶段

2.在执行性管理会计体系中没有得到应有反映的是（　　）。

A.标准成本　　B.预算控制

C.差异分析　　D.企业与外界关系

3.管理会计的服务对象主要是（　　）。

A.投资人　　B.债权人

C.企业内部经营管理者　　D.上级主管部门

4.执行性管理会计形成的基础是（　　）。

A.泰罗的科学管理学说　　B.现代管理科学

C.市场营销学　　D.管理系统工程

5.决策性管理会计形成的基础是（　　）。

A.泰罗的科学管理学说　　B.现代管理科学

C.市场营销学　　D.管理系统工程

6.决策性管理会计形成于（　　）。

A.20世纪初　　B.20世纪30年代

C.20世纪50年代以后　　D.20世纪70年代以后

7.下列体现管理会计与财务会计联系的是（　　）。

A.会计主体相同　　B.约束依据相同

C.核算程序相同　　D.工作对象相同

8.下列体现管理会计与财务会计区别的是（　　）。

A.信息来源不同　　B.工作对象不同

C.不都是会计信息处理系统　　D.服务对象不同

9.管理会计与财务会计都是下列系统的重要组成部分（　　）。

A.企业决策系统　　B.企业决策支持系统

C.企业决策执行系统　　D.企业决策支持、执行系统

10.管理会计又称（　　）。

A.预算会计　　B.成本会计

C.内部报告会计　　D.外部报告会计

（三）多项选择题

1.泰罗的科学管理学说在会计上的体现是（　　）。

A.标准成本　　B.预算控制

C.差异分析　　D.付现成本

E.边际成本

2.在决策性管理会计中应用较多的学科是（　　）。

A.运筹学　　B.行为科学

C.市场营销学　　D.金融学

E.证券投资学

3.财政部在2014年10月发布的《关于全面推进管理会计体系建设的指导意见》中“四个推进”是指（　　）。

A.推进管理会计理论体系建设　　B.推进管理会计指引体系建设

C.推进管理会计人才队伍建设　　D.推进面向管理会计信息化建设

E.推进管理会计教材建设

4.管理会计的职能是（　　）。

A.预测经济前景　　B.参与经济决策

C.规划经济目标　　D.控制经营过程

E.考评经营业绩

5.管理会计的基本内容从会计的角度看包括（　　）。

A.决策会计　　B.执行会计

C.环境会计　　D.财务会计

E.法务会计

6.管理会计的基本内容从管理的角度看包括（　　）。

A.战略管理、预算管理　　B.成本管理、营运管理

C.投融资管理　　D.绩效管理、风险管理

E.人事管理、销售管理

7.管理会计的应用原则包括（　　）。

A.战略导向原则　　B.融合性原则

C.适应性原则　　D.成本效益原则

E.规范统一原则

8.管理会计应用要素包括（　　）。

A.管理会计应用环境　　B.管理会计活动

C.管理会计工具方法　　D.管理会计信息与报告

E.管理会计理论与制度

9.管理会计与财务会计的联系包括（　　）。

A.两者源于同一母体　　B.工作对象相同

C.都是会计信息处理系统　　D.都为企业内部服务

E.都必须遵守公认会计准则

10.管理会计与财务会计的区别包括（　　）。

A.主要服务对象不同　　B.会计主体不同

C.约束依据不同　　D.核算程序不同

E.方法体系不同

11.管理会计与财务会计的区别包括（　　）。

A.作用时效不同　　B.准确程度不同

C.信息特征不同　　D.编表时间不同

E.体系规范不同

（四）判断题

1.西方管理会计形成和发展大致分为执行性管理会计阶段和决策性管理会计阶段。（　　）

2.我国管理会计形成和发展大致分为执行性管理会计阶段和决策性管理会计阶段。（　　）

3.管理会计主要为企业内部经营管理服务，故称其为“内部报告会计”。（　　）

4.管理会计的新内容是对传统管理会计的否定。 ( )

5.管理会计的对象与财务会计的对象是相同的，都是企业再生产过程中的资金运动。 ( )

6.管理会计必须遵守会计法规和统一的会计制度。 ( )

7.管理会计在多数情况下不受会计法规约束，主要服从企业内部管理需要。 ( )

8.管理会计和财务会计主要都是为企业内部各级管理者强化经营管理服务。 ( )

9.管理会计和财务会计都是会计信息处理系统。 ( )

10.管理会计着重反映过去，进行事后反映。 ( )

11.管理会计必须执行固定的会计循环程序，具有一定的强制性和程序性。 ( )

（五）名词解释

1.管理会计　2.标准成本

3.预算控制　4.差异分析

5.运筹学　6.行为科学

7.预测　8.决策

9.规划　10.控制

11.考评　12.决策会计

13.执行会计　14.管理会计活动

（六）简答题

1.管理会计的基本职能有哪些？

2.从会计角度看管理会计的内容有哪些？

3.什么是管理会计应用原则？其包括哪些内容？

4.管理会计应用“四要素”包括哪些内容？

5.管理会计与财务会计有哪些联系？

6.管理会计与财务会计有哪些区别？

7.管理会计的新发展有哪些内容？

五、练习题参考答案

（一）填空题

1.执行性管理会计　决策性管理会计　2.预算控制　差异分析

3.运筹学　行为科学　4.决策会计　执行会计

5.执行性管理会计　执行性管理会计向决策性管理会计

6.必然性　可能性　7.选择　决定

8.核心　主要工作　9.安排　筹划

10.信息　工具方法
11.监控　跟踪
12.事前控制　事中控制
13.考核　评价
14.决策会计　执行会计
15.预测经济前景　参与经济决策
16.核心地位　关键标志
17.控制　考评
18.相同　资金运动
19.财务信息　非财务信息
20.活动成果　报告使用者
21.定期　不定期
22.综合性　专项

（二）单项选择题

1.B　2.D　3.C　4.A　5.B　6.C　7.D　8.D　9.B　10.C

（三）多项选择题

1.ABC　2.AB　3.ABCD　4.ABCDE　5.AB　6.ABCD　7.ABCD　8.ABCD　9.ABC　10.ABCDE　11.ABCDE

（四）判断题

1.√　2.×　3.√　4.×　5.√　6.×　7.√　8.×　9.√　10.×　11.×

（五）名词解释

1.管理会计是利用财务会计和其他信息资料，有机融合财务与业务活动，运用一系列专门工具方法，在企业经营活动中，通过预测、决策、规划、控制和考评等职能，发挥重要作用的信息系统和管理活动。

2.标准成本是指于产品投产前，严格按照科学的方法制定其料、工消耗标准，以此为基础，形成产品标准成本中的材料标准成本和人工标准成本。

3.预算控制是指在费用方面，事先按期间编制制造费用预算，并算出制造费用的标准分配率，再据以确定产品标准成本中的制造费用标准成本。

4.差异分析是指于一定期间终了，对料、工消耗脱离标准，费用开支脱离预算所形成的偏差进行具体分析，查明差异形成的原因和责任，借以对有关方面的工作成果进行全面考评，并促使他们采取有效措施，针对存在的问题进行改进。

5.运筹学主要包括数学规划、排队论、库存论、对策论、决策论、生产计划与控制、质量控制、图与网络、模拟学、质量控制、管理信息系统、部门间联系平衡的经济数学模型等各个专门领域，它应用现代数学和数理统计学的原理和方法，建立许多数量化的管理方法和技术，可用来帮助管理人员按照最优化的要求，对企业极为复杂的生产经营活动进行科学预测、决策、规划和控制，以促使企业的生产经营实现最优运转，从而大大提高企业管理的科学化、现代化水平及竞争能力。

6.行为科学主要是以应用心理学、社会学等方面的研究成果来研究人的各种行为的规律性，分析人产生各种行为的客观原因和主观动机的一门科学。

7.预测是指根据过去和现有的信息，运用一定的科学手段，预计、推测事物未来发展必然性或可能性的行为。

8.决策是指在充分考虑各种可能的前提下，按照客观规律的要求，选择和决定未来活动方案的过程。

9.规划是指对企业未来的生产经营活动进行科学的安排与筹划。

10.控制是指对企业日常的经营活动进行严密监控和跟踪的过程。

11.考评是指对经营活动的实际成果对照既定的目标或标准进行考核和评价的过程。

12.决策会计是指在管理会计系统中侧重于发挥预测经济前景和参与经济决策职能的最具有能动作用的会计子系统，它处于管理会计的核心地位，同时又是现代管理会计形成的关键标志之一。

13.执行会计是指在决策目标和经营方针已经明确的前提下，为执行既定的决策方案而进行的有关规划、控制和考评，既确保奋斗目标的顺利实现，又能调动企业全体职工积极性的会计子系统。

14.管理会计活动是指企业利用管理会计信息，运用管理会计工具方法，在预测、决策、规划、控制、考评等方面服务于企业管理所需要的相关活动。

（六）简答题

1.管理会计的基本职能有哪些？

答：管理会计的职能是指管理会计实践本身存在的必然性所决定的内在功能。管理会计的基本职能可概括为预测经济前景、参与经济决策、规划经济目标、控制经营过程、考评经营业绩五个方面。

2.从会计角度看管理会计的内容有哪些？

答：管理会计的内容从会计角度可以分为决策会计和执行会计两大类。

决策会计是指在管理会计系统中侧重于发挥预测经济前景和参与经济决策职能的最具有能动作用的会计子系统，它既处于管理会计的核心地位，又是现代管理会计形成的关键标志之一。

执行会计是指在决策目标和经营方针已经明确的前提下，为执行既定的决策方案而进行的有关规划、控制和考评，既确保奋斗目标的顺利实现，又能调动企业全体职工积极性的会计子系统。

3.什么是管理会计应用原则？其包括哪些内容？

答：管理会计应用原则是指管理会计应用主体应用管理会计时应遵循的一般原则。管理会计应用原则包括：

（1）战略导向原则。管理会计的应用应以战略规划为导向，以持续创造价值为核心，从而促进企业的可持续发展。

（2）融合性原则。管理会计应嵌入企业相关领域、层次、环节，以业务流程为基础，利用管理会计工具方法，将财务和业务等有机融合。

（3）适应性原则。管理会计的应用应与企业应用环境和自身特征相适应。企业自身特征包括企业性质、规模、发展阶段、管理模式、治理水平等。

（4）成本效益原则。管理会计的应用应权衡实施成本和预期效益，合理、有效地推进管理会计应用。

4.管理会计应用“四要素”包括哪些内容？

答：管理会计应用“四要素”包括：

（1）管理会计应用环境是指对管理会计应用产生影响的企业环境，是企业应用管理会计的基础。管理会计应用环境包括管理会计应用内部环境和管理会计应用外部环境。

（2）管理会计活动是指企业利用管理会计信息，运用管理会计工具方法，在预测、决策、规划、控制、考评等方面服务于企业管理需要的相关活动。

（3）管理会计工具方法是企业应用管理会计时所采用的战略地图、滚动预算管理、作业成本管理、本量利分析、平衡计分卡等模型、技术、流程的统称。

（4）管理会计信息与报告是指管理会计信息与管理会计报告两部分内容。

管理会计信息是指在管理会计应用过程中所使用和生成的财务信息和非财务信息。管理会计报告是管理会计活动成果的重要表现形式，旨在为报告使用者提供满足管理需要的信息。管理会计报告按期间可以分为定期报告和不定期报告，按内容可以分为综合性报告和专项报告等类别。

5.管理会计与财务会计有哪些联系？

答：（1）二者源于同一母体。（2）二者工作对象相同。（3）二者都是会计信息处理系统。

6.管理会计与财务会计有哪些区别？

答：管理会计与财务会计的区别主要体现在以下十一个方面：

（1）服务对象不同。（2）会计主体不同。（3）约束依据不同。（4）作用时效不同。（5）核算程序不同。（6）准确程度不同。（7）方法体系不同。（8）信息特征不同。（9）编表时间不同。（10）体系规范不同。（11）会计目标不同。

7.管理会计的新发展有哪些内容？

答：管理会计的新发展主要体现在以下两个方面：

（1）管理会计的新理论、新方法，如作业成本法、质量成本会计、平衡计分卡、人力资源会计、资本成本会计、战略管理会计、国际管理会计等。这些新理论与新方法使管理会计从广度、深度和高度上提高到了一个新的水平。

（2）其他学科在管理会计中的应用，如代理人理论、组织行为学、信息经济学等相关学科在管理会计中的应用，又给管理会计的发展增添了新的活力，取得了新的突破。

第二章

成本性态与本量利分析

一、本章内容结构

- 成本性态与本量利分析
  - 成本性态分析（第一节）
    - 一、成本的概念
    - 二、企业成本的分类
    - 三、成本性态分析
  - 本量利分析（第二节）
    - 一、本量利分析概述
    - 二、保本分析
    - 三、目标利润分析
    - 四、本量利分析的扩展
    - 五、本量利分析中的敏感性分析
  - 变动成本法（第三节）
    - 一、变动成本法的概念及作用
    - 二、变动成本法与完全成本法的区别
    - 三、对变动成本法的评价

二、学习目的与要求

（一）学习目的

1.在成本按性态分类的基础上进行成本性态分析，最终将成本总额区分为变动成本和固定成本两部分，并建立起成本总额与业务量的线性函数关系。

2.在成本性态分析的基础上，建立成本、业务量、利润之间的依存关系，根据本量利的依存关系，进行保本分析、目标利润分析和敏感性分析。

3.在成本性态分析的基础上，建立与完全成本法截然不同的成本计算方法——变动成本法，并与完全成本法进行比较，对变动成本法进行评价，从而深刻认识变动成本法的作用。

（二）学习要求

1.掌握成本按是否可控的分类、按经济用途的分类和按成本按性态的分类，在成本按性态分类的基础上，能熟练运用成本性态分析的方法进行成本性态分析。

2.了解本量利分析的概念、前提条件和内容；熟悉本量利分析的基本关系式；熟练掌握保本点、保利点和敏感性分析的有关公式及其应用。

3.掌握变动成本法的概念及其作用，变动成本法下的产品成本、产成品存货成本、主营业务成本、期间成本的计算，完全成本法下的产品成本、产成品存货成本、主营业务成本、期间成本的计算，变动成本法与完全成本法的主要区别。

三、本章重点与难点

（一）重点

1.成本按性态的分类

历史成本分析法中的对回归直线法基本原理的理解，计算公式的掌握和运用。

回归直线方程为：

$y=a+bx$

先计算相关系数：

$$r=\frac{n\sum_{i=1}^{n}x_iy_i-\sum_{i=1}^{n}x_i\sum_{i=1}^{n}y_i}{\sqrt{\left[n\sum_{i=1}^{n}x_i^2-(\sum_{i=1}^{n}x_i)^2\right]\left[n\sum_{i=1}^{n}y_i^2-(\sum_{i=1}^{n}y_i)^2\right]}}$$

确定 y 与 x 具有线性关系后，先求：

$$b=\frac{n\sum_{i=1}^{n}x_iy_i-\sum_{i=1}^{n}x_i\sum_{i=1}^{n}y_i}{n\sum_{i=1}^{n}x_i-(\sum_{i=1}^{n}x_i)^2}$$

再求：

$$a=\frac{\sum_{i=1}^{n}y_i-b\sum_{i=1}^{n}x_i}{n}=\frac{\sum_{i=1}^{n}x_i^2\sum_{i=1}^{n}y_i-\sum_{i=1}^{n}x_i\sum_{i=1}^{n}x_iy_i}{n\sum_{i=1}^{n}x_i^2-(\sum_{i=1}^{n}x_i)^2}=\bar{y}-b\bar{x}$$

其中：

$$\bar{x}=\frac{\sum_{i=1}^{n}x_i}{n}\qquad \bar{y}=\frac{\sum_{i=1}^{n}y_i}{n}$$

2.本量利分析的公式

（1）本量利关系的基本公式

设：单价=p，单位变动成本=b，固定成本总额=a，销售量=x，营业利润=π。

①单一品种产品本量利关系的基本公式

营业利润（π）=销售收入−总成本=px−（a+bx）

=销售收入−变动成本−固定成本=px−bx−a

=（单价−单位变动成本）×销售量−固定成本=（p−b）x−a

②多品种产品（设为n种产品）本量利关系的基本公式

$$营业利润(\pi)=\sum_{i=1}^{n}p_ix_i-\sum_{i=1}^{n}b_ix_i-a$$

$$=\sum_{i=1}^{n}(p_i-b_i)x_i-a$$

其中：p_i=第i种产品价格，b_i=第i种产品单位变动成本，x_i=第i种产品销量。

（2）贡献毛益及其相关指标的计算公式

①贡献毛益总额（Tcm）=销售收入-变动成本=px-bx

=单位贡献毛益×销售量=（p-b）·x

=销售收入×贡献毛益率=px·cmR

②单位贡献毛益（cm）=单价-单位变动成本=p-b

$$=\frac{贡献毛益}{销售量}=\frac{Tcm}{x}$$

=销售单价×贡献毛益率=p·cmR

③贡献毛益率（cmR）$=\frac{贡献毛益}{销售收入}=\frac{Tcm}{px}$

$$=\frac{单位贡献毛益}{销售单价}=\frac{cm}{p}$$

④变动成本率（bR）$=\frac{变动成本}{销售收入}=\frac{bx}{px}$

$$=\frac{单位变动成本}{单价}=\frac{b}{p}$$

⑤贡献毛益率+变动成本率=1

即：cmR+bR=1

（3）单一品种产品保本点的计算公式

①保本点销售量（x_0）$=\frac{a}{p-b}=\frac{S_0}{p}$

②保本点销售额（S_0）$=px_0=\frac{a}{cmR}=\frac{a}{1-bR}$

（4）多品种产品保本点的计算公式

①先计算综合贡献毛益率$(\overline{cmR})=\frac{\sum_{i=1}^{n}(p_i-b_i)x_i}{\sum_{i=1}^{n}p_ix_i}=\sum_{i=1}^{n}\frac{Tcm_i}{S}=\sum_{i=1}^{n}cmR_i\cdot\frac{p_ix_i}{S}$

②再计算综合保本额（S_0）$=\frac{a}{\overline{cmR}}$

③根据综合保本额和每种产品销售收入占总收入的比例计算每种产品保本额，再计算每种产品保本量。

第i种产品保本额=$S_0 \cdot \frac{p_i x_i}{S}$

第i种产品保本量=$S_0 \cdot \frac{x_i}{S} = x_i \frac{S_0}{S}$

（5）单一品种产品保利点的计算公式

①税前保利点销售量（x_2）$=\frac{a+T\pi}{p-b}=\frac{S_2}{p}$

税后保利点销售量（x_2）$=\frac{a+\frac{TT\pi}{1-tR}}{p-b}=\frac{S_2}{p}$

②税前保利点销售额（S_2）$=px_2=\frac{a+T\pi}{cmR}=\frac{a+T\pi}{1-bR}$

税后保利点销售额（S_2）$=px_2=\frac{a+\frac{TT\pi}{1-tR}}{cmR}=\frac{a+\frac{TT\pi}{1-tR}}{1-bR}$

（6）多品种产品保本点的计算公式

①税前综合保利额（S_2）$=\frac{a+T\pi}{\overline{cmR}}$

税后综合保利额（S_2）$=\frac{a+\frac{TT\pi}{1-tR}}{\overline{cmR}}$

②根据综合保本额和每种产品销售收入占总收入的比例计算每种产品保本额，再计算每种产品保本量。

第i种产品保利额=$S_2 \cdot \frac{p_i x_i}{S}$

第i种产品保利量=$S_2 \cdot \frac{x_i}{S} = x_i \frac{S_2}{S}$

（7）安全边际及其相关指标的计算公式

①安全边际量（MS量）=现有（实际）或预计（计划）的销售量-保本量=x_1-x_0

②安全边际额（MS额）=现有（实际）或预计（计划）的销售额-保本额=S_1-S_0

=（x_1-x_0）p

③安全边际率（MSR）$=\frac{x_1-x_0}{x_1}=\frac{S_1-S_0}{S_1}$

④保本点作业率（dR）$=\frac{x_0}{x_1}=\frac{S_0}{S_1}$

⑤安全边际率+保本点作业率=1

即：MSR+dR=1

（8）影响目标利润的单因素临界值计算公式

①销量的临界值 $x=\frac{a}{p-b}$

②单价的临界值 $p=\frac{a+bx}{x}$

③单位变动成本的临界值 $b=\frac{px-a}{x}$

④固定成本的临界值 a=（p−b）x

（9）影响目标利润的单因素安全边际计算公式

某因素安全边际量MS=某因素实际或预计值−某因素临界值

$$安全边际率MSR=\frac{某因素MS量}{某因素实际或预计值}=\frac{某因素实际或预计值-该因素临界值}{某因素实际或预计值}$$

（10）影响目标利润的单因素敏感系数计算公式

①销量对利润的敏感系数

$$M_x=\frac{K_\pi}{K_x}=\frac{(p-b)x}{\pi}$$

②单价对利润的敏感系数

$$M_p=\frac{K_\pi}{K_p}=\frac{px}{\pi}$$

③单位变动成本对利润的敏感系数

$$M_b=\frac{K_\pi}{K_b}=-\frac{bx}{\pi}$$

④固定成本对利润的敏感系数

$$M_a=\frac{K_\pi}{K_a}=-\frac{a}{\pi}$$

（11）营业利润公式的各种表现形式

①与单价、单位变动成本、销量和固定成本有关的营业利润公式

营业利润（π）=总收入−总成本=px−（bx+a）

=总收入−变动成本−固定成本=px−bx−a

=（单价−单位变动成本）×销量−固定成本=（p−b）x−a

②与贡献毛益有关的营业利润公式

营业利润（π）=单位贡献毛益×销量−固定成本=cm·x−a

=贡献毛益−固定成本=Tcm−a

=贡献毛益率×销售额−固定成本=cmR·s−a

③与安全边际、贡献毛益和保本点有关的营业利润公式

营业利润（π）=安全边际量×单位贡献毛益=$(x-x_0)\cdot cm$

=安全边际额×贡献毛益率=$(S-S_0)\cdot cmR$

=安全边际率×贡献毛益=MSR·Tcm

由 $\pi=(S-S_0)\cdot cmR$

两边同时除以销售收入S，立即得到：

$$销售利润率=安全边际率\times贡献毛益率=\frac{营业利润}{销售收入}$$

3.变动成本法与完全成本法有关成本的计算、损益确定程序

（1）变动成本法下的产品成本、期末产成品存货成本、主营业务成本、期间成本的计算

产品成本=直接材料+直接人工+变动制造费用

期末产成品存货成本=单位产品成本（即单位变动生产成本）×期末存货数量
=期初存货成本+本期增加存货成本−本期减少存货成本

主营业务成本=单位变动生产成本×销售数量

期间成本=当期固定制造费用+当期销售费用+当期管理费用

（2）完全成本法下的产品成本、期末产成品存货成本、主营业务成本、期间成本的计算

产品成本=直接材料+直接人工+制造费用

期末产成品存货成本=单位产品成本×期末产成品存货数量
=期初存货成本+本期增加存货成本−本期减少存货成本

主营业务成本=期初存货成本+本期增加存货成本−期末产成品存货成本

期间成本=当期销售费用+当期管理费用

（3）变动成本法与完全成本法的损益确定程序

①变动成本法下的损益确定程序

营业收入−变动成本=贡献毛益

贡献毛益−固定成本=营业利润

②完全成本法下的损益确定程序

营业收入−营业成本=营业毛利

营业毛利−期间费用=营业利润

③变动成本法与完全成本法营业利润的差额公式

完全成本法下的营业利润−变动成本法下的营业利润=完全成本法下期末产成品存货中的固定生产成本−完全成本法下期初产成品存货中的固定生产成本

（二）难点

1.对回归直线法基本原理的理解，计算公式的掌握和运用。

2.本量利众多公式的理解和应用。

四、练习题

（一）填空题

1.广义的成本是指为达到特定目的，（　　）、（　　）或可能发生的可用货币单位加以计量的价值牺牲。

2.经济学中的成本是指商品价值中（　　）的需要在商品（　　）中获得补偿

的那部分价值。

3.成本会计把成本定义为：在一定的条件下企业为生产一定种类、一定数量产品所支出的各种（　　）的货币表现，又称产品成本、制造成本或（　　）。

4.现代管理会计把成本定义为：企业为达到（　　），已经发生、将要发生或（　　）的各种经济资源的价值牺牲。

5.成本按经济用途可分为（　　）和（　　）两大类。

6.成本性态，又称成本习性，是指企业（　　）与特定业务量之间在（　　）方面的依存关系。

7.成本性态中的业务量通常是指（　　）或（　　）。

8.成本性态中的成本总额或总成本与企业成本按经济用途分类的成本总额完全一致，包括全部（　　）和（　　）。

9.成本总额按其性态分类可分为变动成本、（　　）和（　　）。

10.变动成本是指在（　　）和（　　）范围内，成本总额随业务量的变动而成正比例变动的成本。

11.固定成本是指在一定时期和一定业务量范围内，（　　）不受业务量变动的影响而保持（　　），而单位固定成本随业务量成反比例变动的成本。

12.企业在一定时期内发生的固定成本按其是否受管理当局短期投资决策行为影响，可进一步划分为（　　）固定成本和（　　）固定成本两类。

13.成本性态分析是指在成本按性态分类的基础上，按照一定程序并采用一定的方法，最终将成本总额区分为（　　）和（　　）两部分，并建立成本总额与业务量函数关系的过程。

14.成本性态分析的主要工作就是将非标准式混合成本分解成（　　）和（　　）两部分，也就是通常所说的“混合成本的分解”。

15.变动成本具有以下两个特点：单位变动成本（用b表示）的（　　）；变动成本总额的（　　）。

16.固定成本具有以下两个特点：固定成本总额（用a表示）的（　　）；单位固定成本的（　　）。

17.成本性态分析的方法主要有（　　）、（　　）、合同认定法三类。

18.贡献毛益总额=（　　）-（　　）。

19.单位贡献毛益=（　　）-（　　）。

20.本量利分析图通常有（　　）、（　　）和量利式。

21.在保本点的敏感性分析中，临界值对销售量和单价而言是（　　）允许值，对单位变动成本和固定成本而言是（　　）允许值。

22.销售利润率=（　　）×（　　）。

23.在变动成本法下，产品成本=直接材料+（　　）+（　　）。

24.在变动成本法下，变动非生产成本包括（　　）、（　　）和变动财务费用。

25.在变动成本法下，固定成本包括（　　）、（　　）、固定管理费用和固定财务费用。

26.在变动成本法下，期间成本包括（　　）和（　　）。

27.变动成本法应用的前提条件是以（　　）为基础，完全成本法应用的前提条件是以（　　）为基础。

28.在变动成本法下，将全部成本分为（　　）和（　　）两大类。

29.在完全成本法下，将全部成本分为（　　）和（　　）两大类。

30.在变动成本法下，变动成本包括（　　）和（　　）。

31.完全成本法下的营业利润-变动成本法下的营业利润=完全成本法下（　　）产成品存货中的固定生产成本-完全成本法下（　　）产成品存货中的固定生产成本。

（二）单项选择题

1.企业成本按性态可分为（　　）。

A.生产成本、非生产成本　　B.变动成本、固定成本

C.直接成本、间接成本　　D.变动成本、固定成本、混合成本

2.企业成本按经济用途可分为（　　）。

A.生产成本、非生产成本　　B.变动成本、固定成本

C.直接成本、间接成本　　D.变动成本、固定成本、混合成本

3.在下列成本中，属于变动成本的是（　　）。

A.管理人员工资　　B.按工作量计算的固定资产折旧费

C.办公大楼折旧费　　D.检验人员工资

4.下列属于“约束性固定成本”的是（　　）。

A.开发研究费　　B.广告费

C.固定资产折旧费　　D.职工培训费

5.下列属于“酌量性固定成本”的是（　　）。

A.保险费　　B.管理人员工资

C.固定资产折旧费　　D.职工培训费

6.固定资产折旧费、保险费、管理人员工资属于（　　）。

A.约束性固定成本　　B.酌量性固定成本

C.变动成本　　D.混合成本

7.开发研究费、广告费、职工培训费属于（　　）。

A.约束性固定成本　　B.酌量性固定成本

C.变动成本　　D.混合成本

8.下列不属于成本性态分析方法的是（　　）。

A.历史成本分析法　　B.技术测定法

C.合同认定法　　D.作业成本法

9.将全部成本分为变动成本、固定成本和混合成本的分类依据是（　　）。

A.成本的经济用途　　B.成本的性态

C.成本的功能　　D.成本管理目标

10.单位固定成本在相关范围内的变动规律为（　　）。

A.随业务量的增加而减少　　B.随业务量的增加而增加

C.随业务量的减少而减少　　D.不随业务量的变动而变动

11.单位变动成本在相关范围内的变动规律为（　　）。

A.随业务量的增加而减少　　B.随业务量的增加而增加

C.随业务量的减少而减少　　D.不随业务量的变动而变动

12.就同一企业而言，同一成本项目在不同时期可能有不同的性态，这是因为成本在相关范围内具有（　　）。

A.相对性　　B.暂时性

C.可转化性　　D.变动性

13.在同一时期内，同一成本项目在不同企业之间也可能具有不同的性态，这是因为成本在相关范围内具有（　　）。

A.相对性　　B.暂时性

C.可转化性　　D.变动性

14.标准式混合成本是指成本总额等于（　　）。

A.固定成本　　B.变动成本

C.固定成本+变动成本　　D.产品成本+期间成本

15.成本性态中的业务量通常是指（　　）。

A.产量或销量　　B.工作日数

C.人工工时　　D.机器工时

16.当下列因素下降时，会导致保本点上升的因素是（　　）。

A.单价　　B.单位变动成本

C.固定成本　　D.销售量

17.下列与保本点无关的因素是（　　）。

A.单价　　B.销售量

C.单位变动成本　　D.固定成本

18.固定成本降低，会使（　　）。

A.利润降低　　B.保本点降低

C.贡献毛益降低　　D.贡献毛益提高

19.当下列因素提高时，会使保本点降低的因素是（　　）。

A.单位变动成本　　B.固定成本

C.单价　　D.销售量

20.下列公式，不正确的是（　　）。

A.贡献毛益率+变动成本率=1

B.安全边际率+保本点作业率=1

C.销售利润率=安全边际率×贡献毛益率

D.利润=安全边际量×贡献毛益率

21.保本点降低，会使（　　）。

A.利润降低　　B.安全边际降低

C.保本点作业率降低　　D.销售量降低

22.某企业只生产一种产品，单价为56元/件，单位变动成本为36元/件，固定成本总额为4 000元，如果企业要确保安全边际率达到50%，那么销售量应达到（　　）件。

A.143　　B.222

C.400　　D.500

23.在下列措施中，只能提高安全边际量而不会降低保本点的是（　　）。

A.提高单价　　B.增加销量

C.降低单位变动成本　　D.降低固定成本

24.某公司生产的产品，单价为2元/件，贡献毛益率为40%，本期的保本量为200 000件，其固定成本为（　　）元。

A.160 000　　B.500 000

C.800 000　　D.1 000 000

25.某企业销售收入为10 000元，固定成本为2 200元，保本点作业率为40%，企业的营业利润为（　　）元。

A.1 800　　B.2 300

C.3 300　　D.3 800

26.某企业变动成本率为60%，安全边际率为30%，则其销售利润率为（　　）。

A.12%　　B.18%

C.28%　　D.42%

27.某企业只生产一种产品，该产品的贡献毛益率为65%，本期销售额为200 000元，营业利润为100 000元，则固定成本为（　　）元。

A.130 000　　B.100 000

C.70 000　　D.30 000

28.某企业固定成本为1 000 000元，产品单价为10元/件，计划在产销400 000件产品的水平上实现200 000元的利润，单位变动成本为（　　）元/件。

A.4　　B.5

C.6　　D.7

29.某企业2021年固定成本总额为200 000元，单价为6元/单位，单位变动成本为4元/单位，其保本点销售量为（　　）单位。

A.600 000　　B.200 000

C.100 000　　D.5 000

30.某企业甲产品单位售价为40元/件，单位变动生产成本为15元/件，单位产品变动销售费用为3元/件，单位变动管理费用为2元/件，则该产品的单位贡献毛益为（　　）元/件。

A.25　　B.22

C.23　　D.20

31.某企业确定下年税前目标利润为2 500万元，变动成本率为40%，固定成本为700万元，则保利点销售额是（　　）万元。

A.8 000　　B.5 333

C.4 167　　D.6 250

32.某产品的保本点销售量是400台，变动成本总额为400万元，固定成本为200万元，销售第401台产品能增加税前利润（　　）万元。

A.0　　B.0.5

C.1　　D.1.5

33.某企业计划销售A产品20万件，每件售价2元，贡献毛益率为25%，该企业在这个销售水平上正好保本，则固定成本总额为（　　）万元。

A.10　　B.16

C.20　　D.30

34.某产品的单价为40元/件，单位变动成本为30元/件，固定成本为20 000元，税后目标利润为30 000元，所得税税率为25%，则保利点销售量为（　　）件。

A.6 000　　B.5 000

C.4 680　　D.5 500

35.某一产品的贡献毛益率为60%，安全边际率为60%，若预测销售收入为200万元，则可实现利润（　　）万元。

A.80　　B.120

C.72　　D.48

36.在对利润的敏感系数中，敏感系数最大的是（　　）。

A.单价的敏感系数　　B.销量的敏感系数

C.单位变动成本的敏感系数　　D.固定成本的敏感系数

37.在下列公式中，不正确的是（　　）。

A.利润=贡献毛益−固定成本　　B.利润=安全边际量×单位贡献毛益

C.利润=安全边际额×贡献毛益率　　D.利润=单位贡献毛益×销售量

38.在变动成本法下，不计入产品成本的是（　　）。

A.直接材料　　B.直接人工

C.变动制造费用　　D.固定制造费用

39.在完全成本法下，单位产品成本随着产量增加而（　　）。

A.增加　　B.减少

C.不变　　D.以上均有可能

40.如果本期销售量比上期增加，则按变动成本法计算的本期利润（　　）。

A.等于上期　　B.大于上期

C.小于上期　　D.可能大于上期，也可能小于上期

41.如果本期销售量比上期增加，则按完全成本法计算的本期利润（　　）。

A.等于上期　　B.大于上期

C.小于上期　　D.以上均有可能

42.在下列各项中，构成变动成本法下产品成本的是（　　）。

A.变动成本　　B.固定成本

C.生产成本　　D.变动生产成本

43.在变动成本法下，销售收入与变动成本之差等于（　　）。

A.净利润　　B.营业利润

C.销售毛利　　D.贡献毛益

44.如果某期按变动成本法计算的营业利润为5 000元，该期产量为2 000件，销售量为1 000件，期初存货为0，固定制造费用总额为2 000元，那么按完全成本法计算的营业利润为（　　）元。

A.0　　B.1 000

C.5 000　　D.6 000

45.若某企业连续3年按变动成本法计算的营业利润分别为10 000元、12 000元、11 000元，则下列表述正确的是（　　）。

A.第三年的销量最少　　B.第二年的销量最多

C.第一年产量比第二年少　　D.第二年产量比第三年多

46.单位产品售价减去单位变动成本的差额称为（　　）。

A.单位收入　　B.单位利润

C.单位贡献毛益　　D.贡献毛益率

47.在变动成本法下，营业利润与销售量之间的关系是（　　）。

A.正比例关系　　B.反比例关系

C.同方向变动关系　　D.反方向变动关系

48.如果在完全成本法下，期末产成品存货中的固定制造费用大于期初产成品存货中的固定制造费用，那么完全成本法下的营业利润减去变动成本法下的营业利润（　　）。

A.大于零　　B.小于零

C.等于零　　D.可能大于零，也可能小于零

49.在变动成本法下，把本期发生的固定制造费用计入（　　）。

A.产品成本　　B.期间成本
C.直接成本　　D.间接成本

50.在变动成本法下，构成期末存货成本的是（　　）。

A.变动成本　　B.固定生产成本
C.变动生产成本　　D.全部生产成本

51.与变动成本法相比，在下列各项中，只有在完全成本法中才能作为产品成本处理的是（　　）。

A.变动生产成本　　B.变动非生产成本
C.固定生产成本　　D.固定非生产成本

52.如果按变动成本法计算的营业利润为5 000万元，期初产成品存货中固定制造费用为300万元，期末产成品存货中固定制造费用为400万元，那么按完全成本法计算的营业利润为（　　）万元。

A.4 900　　B.5 100
C.5 300　　D.4 600

53.采用变动成本法计算产品成本，必须按业务量分解为变动成本和固定成本的是（　　）。

A.制造费用　　B.销售费用
C.管理费用　　D.以上均包括

54.按完全成本法确定的产品总成本比按变动成本法确定的相应产品总成本（　　）。

A.大　　B.小
C.相等　　D.不一定

55.按完全成本法确定的单位产品成本比按变动成本法确定的相应单位产品成本（　　）。

A.大　　B.小
C.相等　　D.不一定

56.某企业本月生产甲产品10 000件，直接材料为40元/件，直接人工为30元/件，单位变动制造费用为10元/件，固定制造费用总额为80 000元，变动成本法下的单位产品成本是（　　）元/件。

A.70　　B.80
C.88　　D.以上均不对

57.某企业本月生产甲产品10 000件，直接材料为40元/件，直接人工为30元/件，单位变动制造费用为10元/件，固定制造费用总额为80 000元，完全成本法下的单位产品成本是（　　）元/件。

A.70　　B.80
C.88　　D.以上均不对

（三）多项选择题

1.企业成本按经济用途可以分为（　　）。

A.生产成本　　B.非生产成本

C.可控成本　　D.不可控成本

E.责任成本

2.企业成本按性态可以分为（　　）。

A.变动成本　　B.固定成本

C.混合成本　　D.可控成本

E.不可控成本

3.在下列成本中，属于固定成本的有（　　）。

A.定期支付的广告费　　B.计件工资

C.企业管理人员工资　　D.按使用年限法计提的固定资产折旧

E.按工作量法计提的固定资产折旧

4.在下列成本中，属于变动成本的有（　　）。

A.定期支付的广告费　　B.计件工资

C.产品成本中的直接材料费　　D.产品成本中的直接人工费

E.按工作量法计提的固定资产折旧

5.在相关范围内，属于固定成本特点的有（　　）。

A.固定成本总额的不变性　　B.固定成本总额的正比例变动性

C.单位固定成本的不变性　　D.单位固定成本的正比例变动性

E.单位固定成本的反比例变动性

6.在相关范围内，属于变动成本特点的有（　　）。

A.变动成本总额的不变性　　B.变动成本总额的正比例变动性

C.单位变动成本的不变性　　D.单位变动成本的正比例变动性

E.单位变动成本的反比例变动性

7.由于相关范围的存在，导致变动成本和固定成本均具有以下特点（　　）。

A.相对性　　B.暂时性

C.可转化性　　D.不变性

E.正比例变动性

8.在相关范围内，固定不变的有（　　）。

A.固定成本总额　　B.单位固定成本

C.变动成本总额　　D.单位变动成本

E.混合成本总额

9.成本性态分析的方法主要有（　　）。

A.历史成本分析法　　B.技术测定法

C.合同认定法　　D.投入产出法

E.成本效益分析法

10.历史成本分析法包括（　　）。

A.高低点法　　B.散布图法

C.账户分析法　　D.回归直线法

E.投入产出法

11.在下列各项中，属于本量利分析基本假设的有（　　）。

A.线性假定　　B.相关范围假定

C.产销平衡假定　　D.品种结构稳定假定

E.目标利润假定

12.在下列项目中，能够决定保本点大小的因素有（　　）。

A.固定成本　　B.单位变动成本

C.销售量　　D.销售单价

E.目标利润

13.在下列各项中，属于能够影响税后保利量的因素有（　　）。

A.固定成本　　B.目标利润

C.销售单价　　D.单位变动成本

E.所得税税率

14.在下列指标中，会随着单价变动而呈反方向变动的因素有（　　）。

A.保本点　　B.保利点

C.变动成本率　　D.单位贡献毛益

E.安全边际率

15.在下列各项中，能够同时影响保本点、税前保利点和税后保利点的因素有（　　）。

A.所得税税率　　B.目标利润

C.单位贡献毛益　　D.贡献毛益率

E.固定成本

16.在下列各式中，其结果等于贡献毛益率的有（　　）。

A.$\frac{\text{单位贡献毛益}}{\text{单价}}$　　B.$\frac{\text{贡献毛益}}{\text{销售收入}}$

C.$\frac{\text{固定成本}}{\text{保本量}}$　　D.$\frac{\text{固定成本}}{\text{保本额}}$

E.1-变动成本率

17.当企业处于保本状态时，就意味着（　　）。

A.总收入=总成本　　B.营业利润=0

C.贡献毛益=固定成本　　D.贡献毛益<固定成本

E.变动成本=销售收入-固定成本

18.在下列各项中，会引起税后利润增加的有（　　）。

A.降低单价　　B.降低单位变动成本

C.降低固定成本　　D.降低销售量

E.降低所得税税率

19.在下列各项中，会引起税后利润增加的有（　　）。

A.提高单价　　B.提高单位变动成本

C.提高固定成本　　D.提高销售量

E.降低所得税税率

20.在售价、固定成本不变的情况下，单位变动成本增加，会使（　　）。

A.利润下降　　B.贡献毛益减少

C.保本点下降　　D.保利点提高

E.保本点提高

21.下列因素提高，会使保利点提高的有（　　）。

A.单价　　B.单位变动成本

C.固定成本　　D.销售量

E.目标利润

22.在固定成本、单位变动成本不变的情况下，单价增加，会使（　　）。

A.利润提高　　B.贡献毛益提高

C.保本点下降　　D.保利点下降

E.保本点提高

23.在下列各项中，导致安全边际量提高的有（　　）。

A.单价提高　　B.单位变动成本降低

C.固定成本降低　　D.预计销售量提高

E.固定成本提高

24.某企业生产一种产品，单价为12元/件，单位变动成本为8元/件，固定成本为3 000元，销售量为1 000件，欲实现税前目标利润2 000元，则可采取的单项措施有（　　）。

A.固定成本降低到2 000元　　B.单价提高到13元/件

C.单位变动成本降低到7元/件　　D.销售量增至1 200件

E.所得税税率降低到25%

25.下列属于相同内容不同叫法的有（　　）。

A.贡献毛益　　B.边际贡献

C.贡献边际　　D.创利额

E.毛利

26.在变动成本法下，产品成本包括（　　）。

A.变动销售费用　　B.变动管理费用

C.变动制造费用　　D.直接材料
E.直接人工

27.在变动成本法下，期间成本包括（　　）。
A.固定制造费用　　B.固定销售费用
C.固定管理费用　　D.变动销售费用
E.变动管理费用

28.在完全成本法下，期间成本包括（　　）。
A.固定制造费用　　B.固定销售费用
C.固定管理费用　　D.变动销售费用
E.变动管理费用

29.变动成本法与完全成本法的主要区别有（　　）。
A.应用的前提条件不同　　B.产品成本及期间成本的构成内容不同
C.提供的信息用途不同　　D.分期营业利润的计算程序不同
E.各期的营业利润不同

30.下列关于变动成本法的提法，正确的有（　　）。
A.营业利润随着销售量的增加而增加
B.单位产品成本不受产量的影响
C.单位产品成本随着产量的增加而减少
D.不适合长期决策的需要
E.不符合对外报告的要求

31.下列关于完全成本法的提法，正确的有（　　）。
A.营业利润随着销售量的增加而增加
B.单位产品成本不受产量的影响
C.单位产品成本随着产量的增加而减少
D.不能真实反映本量利的关系
E.不符合对外报告的要求

32.既属于变动成本法，又属于完全成本法下产品成本内容的有（　　）。
A.直接材料　　B.直接人工
C.变动制造费用　　D.固定制造费用
E.销售费用

33.在下列各项中，属于变动成本法优点的有（　　）。
A.正确揭示了成本与利润的关系　　B.简化了成本计算
C.能刺激企业提高产品生产数量　　D.符合对外报告要求
E.有利于企业内部经营管理的预测、决策、规划、控制和考评

（四）判断题

1.广告费、职工培训费属于约束性固定成本。（　　）

2. 成本按经济用途分类，是成本会计按完全成本法进行成本核算的基础。（　　）

3. 成本性态分析最终将全部成本区分为固定成本、变动成本和混合成本三部分。（　　）

4. 相关系数r是决定能否采用回归直线分析法的关键。（　　）

5. 混合成本就是既不是变动成本，又不是固定成本的成本。（　　）

6. 全部成本按成本性态分为固定成本、变动成本和混合成本三部分。（　　）

7. 全部成本按经济用途分为生产成本和非生产成本两部分。（　　）

8. 成本性态分析是成本按性态分类的前提。（　　）

9. 高低点法、散布图法、账户分析法和直线回归法都属于历史成本分析法。（　　）

10. 当企业的贡献毛益等于固定成本时，企业处于保本状态。（　　）

11. 若单价和单位变动成本同方向同比例变动，则保本量不变。（　　）

12. 贡献毛益率和变动成本率此增彼减，其和固定不变。（　　）

13. 安全边际率和保本点作业率此增彼减，其和固定不变。（　　）

14. 不论是保本分析还是保利分析，当凡是计算有关销售量指标时，均以单位贡献毛益为分母；当凡是计算有关销售额指标时，均以贡献毛益率为分母，这是它们的共性。（　　）

15. 提高单价，会使保本点提高。（　　）

16. 增加单位变动成本，会使保本点降低。（　　）

17. 保本点与销售量或销售额的增减变动无关。（　　）

18. 销量、单价、单位变动成本和固定成本的敏感系数，与每个因素变动百分比无关。（　　）

19. 在销量、单价、单位变动成本和固定成本的敏感系数中，销量的敏感系数既不会最高，又不会最低。（　　）

20. 在销量、单价、单位变动成本和固定成本的敏感系数中，单价的敏感系数最高且大于1。（　　）

21. 若单价和单位变动成本同方向同比例变动，则变动成本率不变。（　　）

22. 在已知固定成本、保本额和销售单价的条件下，可推算出单位变动成本。（　　）

23. 在一定时期内，如果企业的安全边际率为0，可以断定该企业处于保本状态。（　　）

24. 在一定时期内，如果企业的保本点作业率等于1，可以断定该企业处于盈利状态。（　　）

25. 不论是降低单位变动成本，还是降低固定成本总额，都会使保本点提高。（　　）

26.保本分析的关键是保本点的确定。 ( )

27.安全边际率一定小于等于1。 ( )

28.临界值对销量和单价而言是最大允许值，超越了这些临界值，就会由盈利转为亏损。 ( )

29.临界值对单位变动成本和固定成本而言是最小允许值，超越了这些临界值，就会由盈利转为亏损。 ( )

30.变动成本法下的产品成本就是变动成本。 ( )

31.固定生产成本就是固定制造费用。 ( )

32.当存货不为0时，按变动成本法确定的存货成本必然小于按完全成本法确定的存货成本。 ( )

33.在相关范围内，不论各期产量是否相等，只要销售量相等，其按完全成本法计算的各期营业利润都必然相等。 ( )

34.无论是变动成本法，还是完全成本法，都将非生产成本作为期间成本处理，必须在发生的当期全额计入利润表。 ( )

35.变动成本法只将变动生产成本计入产品成本，固定生产成本一律计入期间成本。 ( )

36.按变动成本法和完全成本法计算的营业利润，不可能相等。 ( )

37.变动成本法既有利于短期投资决策，又有利于长期投资决策。 ( )

（五）名词解释

1.广义成本
2.成本（管理会计）
3.可控成本
4.变动成本
5.固定成本
6.混合成本
7.成本性态分析
8.历史成本分析法
9.本量利分析
10.贡献毛益
11.保本分析
12.安全边际
13.保利分析
14.变动成本法
15.完全成本法

（六）简答题

1.怎样理解管理会计中的成本含义？

2.成本按经济用途可分为哪几类？包括哪些具体内容？

3.什么是成本性态？成本按性态如何分类？

4.成本性态分析有何作用？

5.什么是“最小二乘法”？如何利用最小二乘法进行成本性态分析？

6.本量利分析的基本假设有哪些？

7.本量利分析有何作用？

8.变动成本法有何作用？

9.变动成本法与完全成本法有什么区别？

10.试述变动成本法的优点。

11.试述变动成本法的局限性。

（七）业务题

1.某公司今年上半年的机器小时与电费资料见表2-1。

表2-1 机器小时与电费资料

月份	1	2	3	4	5	6
机器小时（小时）	60	80	40	70	90	50
电费（元）	110	115	85	105	120	100

要求：（1）用回归直线法求该公司电费的成本函数。

（2）若预计7月份机器小时为100小时，电费将为多少？（精确到小数点后4位）

2.企业租入一台设备，合同约定，租期为一个月，不管设备是否使用，都要交纳固定租金5 000元，此外，设备每运行一个小时，要支付租金5元。

要求：（1）根据合同认定法，写出租金与机器小时的依存关系。

（2）如果本月设备运行240小时，则应支付多少租金？

3.某企业只生产一种产品（单位：件），上年变动成本总额为60 000元，单价为10元/件，贡献毛益率为40%，获营业利润10 000元，假定今年只有固定成本比上年增加6 000元，其他条件不变。

要求：计算今年保本点销售量和今年保本点销售额。

4.某公司只生产甲产品，销售单价为20元/件，单位变动成本为14元/件，固定成本总额为792 000元，本年销售产品150 000件。

要求：（1）计算本年实现的利润。

（2）计算安全边际额。

（3）该公司如果税前目标利润为60 000元，试计算保利点销售量和销售额。

5.某企业只生产一种产品，今年产销量为1 000件，单价为18元/件，产品单位成本为10元/件，单位固定成本为4元/件。为扩大明年经营能力，企业拟追加租用一台专用设备，年租金为2 000元，假定明年单价和单位变动成本均不变。

要求：（1）计算明年保本点销售量和保本点销售额。

（2）若明年市场上只能容纳2 000件产品，此时产品的安全边际量和安全边际率是多少？

6.某公司2021年销售收入为120 000元，成本总额为150 000元，其中包括固定费用90 000元，若2022年计划增加广告费4 500元，产品单价仍为30元/单位。

要求：（1）预测2022年该公司保本销售额。

（2）若公司2022年计划实现税前目标利润30 000元，则保利销售额应为多少？

7.设某企业生产A产品10 000件，单位售价为10元/件，单位变动成本为8元/件，全年固定成本为18 000元。

要求：（1）计算保本点销售量。

（2）该企业生产能力还有剩余，据调查，降价10%可使销售量翻一番，降价后可实现多少利润？

8.某企业经营甲产品，上年有关资料为：单位售价为100元/单位，单位直接材料费为25元/单位，单位直接人工费为15元/单位，单位变动制造费用为15元/单位，全年固定制造费用为60 000元，单位变动销售及管理费用为5元/单位，全年固定销售及管理费用为40 000元，安全边际率为60%，所得税税率为25%。

要求：（1）计算该产品上年保本点销售额、实际销售量及营业利润。

（2）该企业预计本年度广告费将增加20 000元，单位变动销售及管理费将降低2元/单位，计算为实现税后目标利润130 500元所需的销售量。

（3）该企业本年度为使销售利润率达到27%，在上年单位售价的基础上提高5%、固定成本和销量不变的条件下，产品单位变动成本应降低到多少？

9.某企业生产一种产品（单位：件），去年变动成本总额为84 000元，单价为10元/件，变动成本率为80%，获营业利润11 000元，假定今年只需追加2 000元广告费，其他条件都不变。

要求：（1）计算今年实现20 000元税前目标利润的销售额。

（2）如果企业想保证40%的安全边际率，那么今年至少应销售多少件产品？

10.设企业生产和销售单一产品，该产品单位售价为80元/件，单位变动成本为50元/件，固定成本总额为60 000元，预计正常销售量4 000件。

要求：（1）计算保本点销售量及销售额。

（2）计算保本点作业率和营业利润。

（3）计算安全边际量及安全边际率。

11.某工厂拟投产乙新产品，预计其单位变动成本为30元/件，固定成本总额为27 000元，假设要求该产品的销售利润率达到8%，安全边际率达到20%。

要求：（1）该产品的售价应定为多少？

（2）计算该产品的保本销售量和保本销售额。

（3）预计该产品的营业利润。

12.某公司只生产一种产品，售价为8元/件，月初月末产成品存货成本不变，总成本与销售额之间的函数关系：

$y=180+0.625s$　　（s=销售额）

要求：（1）计算贡献毛益率、单位变动成本、保本点销售量、销售100件产品时的安全边际量和营业利润，目标利润为150元时的销售额。

（2）绘制基本式、贡献毛益式、量利式本量利分析图。

（3）如果单位变动成本提高1元，那么售价应定为多少，才能保持原来的贡献毛益率？

（4）如果进一步提高机械化程度，单位变动成本可以下降10%，那么每月固定成本将上升85元，售价为8元/件，试计算保本点销售量和取得税前目标利润120元的销售额。

13.设某公司只生产和销售一种产品，保本点销售额为240 000元，当固定成本增加8 000元时，为了达到保本必须增加销售额32 000元。假定该产品的单位售价及单位变动成本均不变。

要求：（1）计算变动成本率。

（2）计算未增加8 000元以前的固定成本总额。

14.设某厂生产销售A、B两种产品，单位售价分别为：A产品20元/件，B产品10元/件。贡献毛益率分别为：A产品40%，B产品60%。全月固定成本为36 000元。本月A产品销售6 000件，B产品销售4 000件。

要求：（1）计算A、B的单位变动成本。

（2）计算企业的综合保本额。

（3）计算A、B产品的保本点销售量。

15.某厂生产和销售A、B两种产品，产品的单位售价分别为：A产品5元/件，B产品2.5元/件。贡献毛益率分别为：A产品40%，B产品30%。全月固定成本为72 000元。

要求：（1）设本月各产品的预计销售量分别为：A产品30 000件，B产品40 000件。请计算以下各项指标：

①综合保本点销售额；

②A、B两种产品的保本点销售量；

③用金额表现的安全边际；

④本月的预计利润。

（2）设每月增加广告费9 700元，可使A产品的月销售量增加到40 000件，而产品B的销售量将减少到32 000件，请具体说明采取这一措施是否合算。

（3）根据上述第（2）项的有关数据，重新计算综合保本销售额。

16.假定某公司计划年度产销A、B、C三种产品，其销售及成本有关资料见表2-2。

表2-2 销售及成本有关资料

项目	A产品	B产品	C产品
产销量（件）	20	40	60
销售单价（元/件）	1 250	1 250	3 000
单位变动成本（元/件）	600	700	2 100

设企业固定成本总额为20 160元。

要求：（1）计算加权平均贡献毛益率。

（2）计算三种产品的综合保本销售额。

（3）计算每种产品的保本销售额。

（4）预计企业将实现的营业利润。

17.某企业生产甲产品，经测算分析，确认有关因素可能达到的水平及概率见表2-3。

表2-3 有关因素可能达到的水平及概率

销售单价		单位变动成本		固定成本总额	
金额（元/件）	概率	金额（元/件）	概率	金额（元）	概率
30	0.8	15	0.9	30 000	1
25	0.2	10	0.1		

要求：（1）分别用单项概率法、联合概率法计算甲产品保本量。

（2）你认为哪种方法更好一些？

18.某企业只生产一种产品，本年销售量为2 000 000件，固定成本为2 500 000元，营业利润为1 000 000元，预计下一年销售量为2 500 000件，假设下一年固定成本、单价均不变。

要求：（1）下年营业利润应为多少？

（2）营业利润的增长率是多少？

19.某企业只生产一种产品，单价260元/件，单位变动成本160元/件，全年固定成本预计8 000 000元，计划销量为500 000件。试计算企业由盈利转为亏损的各个因素的临界值。

20.某企业2021年利润对销量的敏感系数为2，2021年贡献毛益为900万元，贡献毛益率为30%，预计2022年的销售收入将比上年增加10%。

要求：（1）计算2021年利润。

（2）计算2021年固定成本。

（3）计算2021年销售收入。

（4）计算2021年保本额。

（5）计算2021年安全边际率。

（6）计算2022年预计利润。

21.某企业只生产一种产品，2021年产品单价为2元/件，单位变动成本为0.8元/件，固定成本为100 000元，销售量为100 000件。

要求：（1）分别计算4个因素的敏感系数。

（2）若2022年预计销量增加10%，则2022年营业利润将为多少？

（3）若销量增加20%，单位变动成本降低10%，则营业利润将增加百分之多少?

22.设某厂只生产一种产品，第一、第二两年的生产量分别为30 000件和24 000件（假定不存在在产品），销售量分别为20 000件和25 000件，第一年期初存货为0，存货计价采用先进先出法，每单位产品售价15元/件，单位变动生产成本为5元/件，固定制造费用每年180 000元，销售及管理费用都是固定费用，每年为25 000元。

要求：（1）分别采用变动成本法和完全成本法计算第一、第二两年的营业利润。

（2）在变动成本法和完全成本法下，都是销量越大利润越高吗?

23.A工厂生产甲产品，共计2 000件，售价20元/件，期初存货为0，本期销售1 800件，共发生直接材料费7 000元，直接人工费4 000元，制造费用4 000元（其中：变动制造费用1 000元，固定制造费用3 000元）。销售费用9 000元（其中：变动销售费用3 000元，固定销售费用6 000元）。管理费用8 000元（其中：变动管理费用1 000元，固定管理费用7 000元）。

要求：（1）变动成本法下：①计算产品成本；②计算期间成本；③计算期末存货成本；④计算销售成本；⑤计算营业利润。

（2）完全成本法下：①计算产品成本；②计算期间成本；③计算期末存货成本；④计算销售成本；⑤计算营业利润。

24.假设单位产品的直接材料、直接人工和变动制造费用共60元/件，单位产品售价为120元/件，固定制造费用为3 000元，变动销售费用为1 000元，固定销售费用为2 000元，变动管理费用为100元，固定管理费用为900元，该厂生产产品200件，销售180件，无期初存货。

要求：（1）计算变动成本法下的本期产品销售成本和营业利润。

（2）计算完全成本法下的期末存货成本和营业利润。

25.某公司只生产一种产品，第一、第二年产量分别为16 000件和10 000件，销售量分别为14 000件和12 000件，产品售价为60元/件，单位变动生产成本为20元/件，每年发生的固定生产成本为80 000元，每件分摊的变动销售及管理费用为5元，固定销售及管理费用为每年60 000元。

要求：（1）分别计算在变动成本法和完全成本法下的产品单位成本。

（2）分别计算每种成本法下的营业利润。

（3）分析两种成本计算法下差异产生的原因，写出两种利润的数量关系。

26.企业经营甲产品，本年3月份产量为17万吨，销售量为14万吨，单位售价5元/件，单位变动生产成本3元/件，变动销售及管理费用为销售收入的5%，全月固定制造费用17万元，固定销售及管理费用6.5万元。假定期初存货为0。

要求：（1）分别按变动成本法和完全成本法计算该月份的营业利润。

（2）说明不同成本计算法下营业利润不相等的原因。

五、练习题参考答案

（一）填空题

1.已经发生　将要发生
2.已经耗费　销售收入
3.生产费用　生产成本
4.一定目的　可能发生
5.生产成本　非生产成本
6.成本总额　数量
7.产量　销量
8.生产成本　非生产成本
9.固定成本　混合成本
10.一定时期　一定业务量
11.成本总额　固定不变
12.约束性　酌量性
13.变动成本　固定成本
14.固定成本　变动成本
15.不变性　正比例变动性
16.不变性　反比例变动性
17.历史成本分析法　技术测定法
18.销售收入　变动成本
19.单价　单位变动成本
20.基本式　贡献毛益式
21.最小　最大
22.安全边际率　贡献毛益率
23.直接人工　变动制造费用
24.变动销售费用　变动管理费用
25.固定制造费用　固定销售费用
26.变动非生产成本　固定成本
27.成本性态分析　成本按经济用途分类
28.变动成本　固定成本
29.生产成本　非生产成本
30.变动生产成本　变动非生产成本
31.期末　期初

（二）单项选择题

1.D　2.A　3.B　4.C　5.D　6.A　7.B　8.D　9.B　10.A　11.D　12.B　13.A　14.C　15.A　16.A　17.B　18.B　19.C　20.D　21.C　22.C　23.B　24.A　25.C　26.A　27.D　28.D　29.C　30.D　31.B　32.B　33.A　34.A　35.C　36.A　37.D　38.D　39.B　40.B　41.D　42.D　43.D　44.D　45.B　46.C　47.C　48.A　49.B　50.C　51.C　52.B　53.A　54.A　55.A　56.B　57.C

（三）多项选择题

1.AB　2.ABC　3.ACD　4.BCDE　5.AE　6.BC　7.ABC　8.AD　9.ABC　10.ABCD　11.ABCD　12.ABD　13.ABCDE　14.ABC　15.CDE　16.ABDE　17.ABCE　18.BCE　19.ADE　20.ABDE　21.BCE　22.ABCD　23.ABCD　24.ABC　25.ABCD　26.CDE　27.ABCDE　28.BCDE　29.ABCD　30.ABDE　31.CD　32.ABC　33.ABE

（四）判断题

1.×　2.√　3.×　4.√　5.√　6.√　7.√　8.×　9.√　10.√　11.×　12.√　13.√　14.√　15.×　16.×　17.√　18.√　19.√　20.√　21.√　22.√　23.√　24.×　25.×　26.√　27.√　28.×　29.×　30.×　31.√　32.√　33.×　34.√　35.√　36.×　37.×

（五）名词解释

1.广义成本是指为达到特定目的，已经发生、将要发生或可能发生的可用货币单位加以计量的价值牺牲。

2.成本（管理会计）是指企业为达到一定目的，已经发生、将要发生或可能发生的各种经济资源的价值牺牲。

3.可控成本是指单位（例如企业、分厂、车间、班组、部门等）可以事先预知将要发生的成本，并且可以计量、能为该责任中心所控制、为其工作好坏所影响的成本，简言之，就是能被单位行为直接制约的成本。

4.变动成本是指在一定时期和一定业务量范围内，成本总额随业务量的变动而成正比例变动的成本。

5.固定成本是指在一定时期和一定业务量范围内，成本总额不受业务量变动的影响而保持固定不变的成本。

6.混合成本是指成本总额受业务量变动的影响，但变动的幅度并不同业务量变化保持正比例关系的成本，换言之，混合成本就是既不是变动成本，又不是固定成本的成本。

7.成本性态分析是指在成本按性态分类的基础上，按照一定程序并采用一定的方法，最终将成本总额分解为固定成本和变动成本两部分，并建立成本总额与业务量函数关系的过程。

8.历史成本分析法是根据非标准式混合成本的历史数据，依据以前各期实际成本与业务量之间的依存关系来推算一定期间、一定业务量范围之内固定成本总额和单位变动成本的平均值，并依此来确定所估算的未来成本的一种方法。

9.本量利分析是成本、业务量和利润关系分析的简称，又称损益平衡分析、保本分析等，是指在变动成本计算模式的基础上，通过数学模型，对变动成本、固定成本、业务量、单价和利润五因素进行综合分析，揭示它们之间的内在规律性联系，为管理会计预测、决策、规划、控制和考评提供必要的财务信息的一种方法。

10.贡献毛益是指产品的销售收入与相应变动成本的差额，又称边际贡献、贡献边际或创利额。

11.保本分析是指研究企业恰好处于保本状态时本量利关系的一种定量分析方法，又称盈亏平衡分析、损益平衡分析、两平分析、够本分析等。

12.安全边际是指根据现有或预计的销售业务量（包括销售量和销售额两种形式）与保本点业务量之差所确定的定量指标，包括绝对量和相对量两种形式：安全边际的绝对量，具体又分为安全边际销售量（简称“安全边际量”，记作MS量）和安全边际销售额（简称“安全边际额”，记作MS额）；安全边际的相对量，又称为安全边际率（记作MSR）。

13.保利分析是指将目标利润引进本量利分析的基本数学模型，在单价和成本水平既定的情况下，在确保企业目标利润实现的正常条件下，充分揭示单位、成本、业务量和利润之间关系的利润规划方法。

14.变动成本法是指在组织常规的产品成本计算过程中，以成本性态分析为前提，只将变动生产成本（即直接材料、直接人工、变动制造费用）计入产品成本，而将变动非生产成本（即变动销售费用、变动管理费用、变动财务费用）及固定成本（即固定制造费用、固定销售费用、固定管理费用、固定财务费用）作为期间成本的一种成本计算方法。

15.完全成本法又称制造成本法，即只将直接材料、直接人工、制造费用计入产品成本，而将销售费用、管理费用、财务费用作为期间成本的一种成本计算方法。

（六）简答题

1.怎样理解管理会计中的成本含义？

答：管理会计中的成本是指企业为达到一定目的，已经发生、将要发生或可能发生的各种经济资源的价值牺牲。这里“已经发生的”通常是指沉没成本，“将要发生的”通常是指预计成本或未来成本，“可能发生的”通常是指机会成本。由此可知，管理会计的成本不仅仅是已经支出的各种生产费用的货币表现，也可以是一种将要发生（目前尚未支出）的预计成本，还可以是一种可能因放弃某个机会而未能获得的潜在收益（机会成本）。成本归集的对象不仅是产品，而且可以是其他客体，如企业的某个责任单位，或某项工程的造价等。由于管理会计的各种职能作用不同，因此，管理会计也必将涉及各种不同的成本概念，即“不同目的，不同成本”。

2.成本按经济用途可分为哪几类？包括哪些具体内容？

答：成本按经济用途可分为生产成本和非生产成本两大类。

（1）生产成本。生产成本又称制造成本或产品成本，是指在生产过程中为制造产品而发生的成本，包括直接材料、直接人工、制造费用三部分。

（2）非生产成本。非生产成本又称为非制造成本或期间成本，是指企业在行政管理、产品推销和资金筹集过程中发生的各项耗费，即不计入产品成本的各项耗费，包括管理费用、销售费用、财务费用。

3.什么是成本性态？成本按性态如何分类？

答：成本性态，又称成本习性，是指企业成本总额与特定业务量之间在数量方面的依存关系。这里，业务量可以是产量、销量、销售收入，也可以是直接人工工时、机器工作小时等，通常是指产量或销量，这里的成本总额或总成本主要是指企业为取得营业收入而发生的营业成本费用，包括全部生产成本和非生产成本。

成本总额按其性态分类可分为变动成本、固定成本和混合成本。

4.成本性态分析有何作用？

答：（1）通过成本性态分析，企业可以从定性、定量两个方面把握成本的各个组成部分与业务量之间的依存关系和变动规律。

（2）成本性态分析为应用变动成本法，开展本量利分析、进行短期经营决策、编制全面预算、制定标准成本的操作和落实责任会计奠定了基础。

5.什么是“最小二乘法”？如何利用最小二乘法进行成本性态分析？

答：“最小二乘法”是德国数学家高斯（Garl Friedrich Gauss，1777—1855年）于1805年提出的，它是根据一定时期内一系列的历史数据资料（即平面上n个点），(x_1, y_1)，(x_2, y_2)，…，(x_n, y_n)，运用数理统计中常用的最小平方法原理，对所取得的历史数据加以计算，建立起自变量x与因变量$\dot{y}$之间的直线方程：

$\dot{y}=a+bx$

该直线与其他直线相比，可以使历史数据y_1，y_2，…，y_n与直线上相应各点纵坐标$\hat{y}_1$，$\hat{y}_2$，…，$\hat{y}_n$的误差的平方和最小，即$\sum_{i=1}^{n}(y_i-\hat{y}_i)^2$最小。这条直线被称为回归直线，这种方法被称为最小二乘法或最小平方法。

利用最小二乘法进行成本性态分析的程序如下：

（1）选择n组历史数据(x_1, y_1)，(x_2, y_2)，…，(x_n, y_n)。

（2）分别计算$\sum_{i=1}^{n}x_i$，$\sum_{i=1}^{n}y_i$，$\sum_{i=1}^{n}x_iy_i$，$\sum_{i=1}^{n}x_i^2$，$\sum_{i=1}^{n}y_i^2$。

（3）计算相关系数。

$$r=\frac{n\sum_{i=1}^{n}x_iy_i-\sum_{i=1}^{n}x_i\sum_{i=1}^{n}y_i}{\sqrt{[n\sum_{i=1}^{n}x_i^2-(\sum_{i=1}^{n}x_i)^2][n\sum_{i=1}^{n}y_i^2-(\sum_{i=1}^{n}y_i)^2]}}$$

通常当$r\geqslant 0.8$时，认为成本与业务量存在线性关系，此时，先求：

$$b=\frac{n\sum_{i=1}^{n}x_iy_i-\sum_{i=1}^{n}x_i\cdot\sum_{i=1}^{n}y_i}{n\sum_{i=1}^{n}x_i^2-(\sum_{i=1}^{n}x_i)^2},$$

再求：

$$a=\frac{\sum_{i=1}^{n}y_i-b\sum_{i=1}^{n}x_i}{n}=\frac{\sum_{i=1}^{n}x_i^2\cdot\sum_{i=1}^{n}y_i-\sum_{i=1}^{n}x_i\cdot\sum_{i=1}^{n}x_iy_i}{n\sum_{i=1}^{n}x_i^2-(\sum_{i=1}^{n}x_i)^2}$$

其中：$\bar{x}=\frac{\sum_{i=1}^{n}x_i}{n}$　　$\bar{y}=\frac{\sum_{i=1}^{n}y_i}{n}$

（4）建立成本与业务量的依存关系。

$y=a+bx$

6.本量利分析的基本假设有哪些？

答：本量利分析主要有以下三项基本假设：

（1）线性假定。假定成本性态分析工作已经完成，总成本可表示为 $y=a+bx$，销售收入可表示为 $y=px$，即成本、销售收入都是产销量的一元线性函数。

（2）相关范围假定。假定在一定时期、一定业务量范围内，单价、单位变动成本、固定成本总额保持不变。

（3）产销平衡和品种结构稳定假定。假定在只安排一种产品生产的条件下，生产出来的产品总是可以找到市场，实现产销平衡；对于生产多种产品的企业，假定当以价值形式表现的产销总量发生变化时，原来的各种产品的产销额在全部产品销售总额中，所占的比例并不发生变化，且仍能实现产销平衡。

7.本量利分析有何作用？

答：本量利分析主要有以下四方面的作用：

（1）与经营风险分析相联系，可促使企业努力降低风险；

（2）与预测技术相结合，企业可进行保本预测、确保目标利润实现的业务量预测等；

（3）与决策融为一体，企业可据此进行生产决策、成本决策、定价决策和投资不确定性分析；

（4）企业还可以将其应用于全面预算、成本控制和绩效考评。

8.变动成本法有何作用？

答：（1）变动成本法能提供每种产品的盈利能力资料。

（2）变动成本法可为正确地制定经营决策提供重要信息，有利于进行成本计划、成本控制和成本分析。

（3）变动成本计算法便于与标准成本、弹性预算和责任会计等直接结合，在计划和日常控制的各个环节发挥重要作用。

9.变动成本法与完全成本法有什么区别？

答：（1）应用的前提条件不同；

（2）产品成本及期间成本的构成内容不同；

（3）提供的信息用途不同；

（4）分期营业利润的计算程序不同。

10.试述变动成本法的优点。

答：（1）正确揭示了成本与利润的关系，既符合“收益与费用相配比”的会计准则，又易于管理者理解并掌握。

（2）能够广泛应用于企业内部经营管理的预测、决策、规划、控制和考评。

（3）简化了产品成本计算。

11.试述变动成本法的局限性。

答：（1）不符合财务会计的产品成本概念以及对外报告的要求。

（2）提供的信息不适用于国家宏观决策和企业长期决策的需要。

（七）业务题

1.解：

（1）依据上述资料，对相关数据进行加工整理见表2-4。

表2-4 对相关数据加工整理的结果

月份 \ 项目	机器小时（x_i）	电费（y_i）	x_iy_i	x_i^2	y_i^2
1	60	110	6 600	3 600	12 100
2	80	115	9 200	6 400	13 225
3	40	85	3 400	1 600	7 225
4	70	105	7 350	4 900	11 025
5	90	120	10 800	8 100	14 400
6	50	100	5 000	2 500	10 000
合计	$\sum x_i=390$	$\sum y_i=635$	$\sum x_i y_i=42\ 350$	$\sum x_i^2=27\ 100$	$\sum y_i^2=67\ 975$

相关系数计算如下：

$$r=\frac{6\sum_{i=1}^{6}x_iy_i-\sum_{i=1}^{6}x_i\cdot\sum_{i=1}^{6}y_i}{\sqrt{\left[6\sum_{i=1}^{6}x_i^2-(\sum_{i=1}^{6}x_i)^2\right]\left[6\sum_{i=1}^{6}y_i^2-(\sum_{i=1}^{6}y_i)^2\right]}}$$

$$=\frac{6\times42\ 350-390\times635}{\sqrt{(6\times27\ 100-390^2)(6\times67\ 975-635^2)}}$$

$$=\frac{6\ 450}{6\ 968.6799}=0.9256>0.8$$

说明x与y高度正相关，从而计算如下：

$$b=\frac{6\times42\ 350-390\times635}{6\times27\ 100-390^2}=\frac{6\ 450}{10\ 500}=0.6143$$

$$a=\frac{635-0.6143\times390}{6}=65.9038$$

或者，

$$a=\bar{y}-b\bar{x}=\frac{635}{6}-0.6143\times\frac{390}{6}=65.9038$$

成本函数为：

$y=65.9038+0.6143x$

（2）7月份预计电费为：

$y=65.9038+0.6143\times100=127.3338$（元）

2.解：

（1）设租金为y，机器小时为x，则租金与机器小时的依存关系是：

$y=5\ 000+5x$

（2）设备运行240小时的租金为：

$y=5\ 000+5\times240=6\ 200$（元）

3.解：

由$\frac{10-b}{10}=40\%$解得：

b=6元/件

由$6x=60\ 000$解得：

x=10 000件

或由：

$\frac{S-60\ 000}{S}=40\%$解得：

S=100 000元

$x=\frac{S}{p}=\frac{100\ 000}{10}=10\ 000$（件）

由$10\ 000=10\cdot10\ 000-6\cdot10\ 000-a$解得：

a=30 000

故　$x_0=\frac{30\ 000+6\ 000}{10-6}=9\ 000$（件）

$S_0=9\ 000\times10=90\ 000$（元）

4.解：

（1）利润（π）=（20−14）×150 000−792 000=108 000（元）

保本额（S_0）$=792\ 000\div\frac{20-14}{20}=2\ 640\ 000$（元）

（2）安全边际额=20×150 000−2 640 000=360 000（元）

（3）$x_2=\frac{792\ 000+60\ 000}{20-14}=142\ 000$（件）

$S_2=20\times142\ 000=2\ 840\ 000$（元）

5.解：

（1）单位变动成本（b）=10−4=6（元/件）

固定成本（a）=4×1 000=4 000（元）

$x_0=\frac{4\ 000+2\ 000}{18-6}=500$（件）

$S_0=18\times500=9\ 000$（元）

（2）安全边际量（MS量）=2 000−500=1 500（件）

安全边际率（MSR）=1 500÷2 000×100%=75%

6.解：

（1）2021年销售量=120 000÷30=4 000（单位）

单位变动成本=（150 000−90 000）÷4 000=15（元/单位）

2022年保本销售额（S_0）$=\frac{90\,000+4\,500}{30-15}\times 30=189\,000$（元）

（2）2022年保利销售额（S_2）$=\frac{90\,000+4\,500+30\,000}{30-15}\times 30=249\,000$（元）

7.解：

（1）保本点销售量（x_0）=18 000÷（10−8）=9 000（件）

（2）可实现利润（π）=［10×（1−10%）−8］×（10 000×2）−18 000 =2 000（元）

8.解：

（1）上年保本点销售量=（60 000+40 000）÷［100−（25+15+15+5）］=2 500（单位）

保本点销售额=100×2 500=250 000（元）

设实际销售量为x，由（x−2 500）÷x=60%解得：

实际销售量=6 250单位

上年利润=（6 250−2 500）×（100−60）=150 000（元）

或：

上年利润=（100−60）×6 250−（60 000+40 000）=150 000（元）

（2）税后目标利润销售量=［100 000+20 000+130 500÷（1−25%）］÷［100−（60−2）］

=7 000（单位）

（3）设单位变动成本为b，由题意得：

$$27\%=\frac{100\times(1+5\%)\times 6\,250-100\,000-b\times 6\,250}{100\times(1+5\%)\times 6\,250}$$

解得：b=60.65元/单位

9.解：

（1）由80%=b÷10，解得：

b=8元/件

销量（x）=84 000÷8=10 500（件）

由11 000=（10−8）·10 500−a，解得：

a=10 000

$$S_2=\frac{10\,000+20\,000+2\,000}{(10-8)\div 10}=160\,000\text{（元）}$$

（2）$x_0=\frac{10\,000+2\,000}{10-8}=6\,000$（件）

设今年销售x件产品，由$40\%=\frac{x-6\,000}{x}$，解得：

x=6 000÷0.6=10 000（件）

10.解：

（1）保本点销售量（x_0）$=\frac{60\ 000}{80-50}$=2 000（件）

保本点销售额（S_0）=80×2 000=160 000（元）

（2）保本点作业率（dR）$=\frac{2\ 000}{4\ 000}$×100%=50%

营业利润=（80−50）×4 000−60 000=60 000（元）

或：

营业利润=（4 000−2 000）×（80−50）=60 000（元）

（3）安全边际量=4 000−2 000=2 000（件）

安全边际率=（4 000−2 000）÷4 000×100%=50%

11.解：

（1）销售利润率=贡献毛益率×安全边际率，得：

贡献毛益率=8%÷20%×100%=40%

由贡献毛益率=1−变动成本率，得：

单价（p）=30÷（1−40%）=50（元/件）

（2）保本销售量（x_0）=27 000÷（50−30）=1 350（单位）

保本销售额（S_0）=1 350×50=67 500（元）

（3）安全边际率=1−保本点作业率=1−保本点销售额÷预计可达到的销售额，得：

预计可达到的销售额=保本点销售额÷（1−安全边际率）

=67 500÷（1−20%）=84 375（元）

预计可达到的利润=84 375×8%=6 750（元）

或：

预计利润=（84 375−67 500）×40%=6 750（元）

12.解：

（1）因0.625是变动成本率，所以：

贡献毛益率（cmR）=1−0.625=0.375

由b÷8=0.625，解得：

b=5元/件

保本量（x_0）=180÷（8−5）=60（件）

安全边际量（MS量）=100−60=40（件）

营业利润（π）=（8−5）×100−180=120（元）

保利额（x_2）=（180+150）÷（8−5）×8=880（元）

（2）图略。

（3）由定义$\frac{p-(5+1)}{p}$=0.375，解得：

p=9.6（元/件）

（4）保本量（x_0）$=\frac{180+85}{8-5\times(1-10\%)}$=76（件）

保利额（s_2）$=\frac{265+120}{3.5}$×8=880（元）

13.解法一：

（1）设原固定成本为a，贡献毛益率为cmR，则有：

$$\begin{cases}240\ 000=a\div cmR\\240\ 000+32\ 000=(a+8\ 000)\div cmR\end{cases}$$

解二元一次方程组，得：

cmR=25%　　　a=60 000元

变动成本率（bR）=1−25%=75%

（2）原固定成本总额（a）=60 000元

或者由240 000=a÷cmR，得：

a=240 000cmR

从而有：

$$240\ 000+32\ 000=\frac{240\ 000cmR+8\ 000}{cmR}$$

解得：

cmR=25%

a=25%×240 000=60 000（元）

解法二：

（1）$bR=\frac{\Delta s-\Delta a}{\Delta s}=\frac{32\ 000-8\ 000}{32\ 000}\times100\%=75\%$

（2）a=S_0×cmR=240 000×（1−75%）=60 000

14.解：

（1）A产品单位变动成本（b_A）=（1−40%）×20=12（元/件）

B产品单位变动成本（b_B）=（1−60%）×10=4（元/件）

（2）A产品销售额=6 000×20=120 000（元）

B产品销售额=4 000×10=40 000（元）

A产品收入占总收入比例=120 000÷160 000×100%=75%

B产品收入占总收入比例=40 000÷160 000×100%=25%

$\overline{cmR}$=40%×75%+60%×25%=45%

综合保本额（S_0）=36 000÷45%=80 000（元）

（3）A产品保本量（（x_0）$_A$）=80 000×75%÷20=3 000（件）

B产品保本量（（x_0）$_B$）=80 000×25%÷10=2 000（件）

15.解：

（1）①A产品销售收入=5×30 000=150 000（元）

B产品销售收入=2.5×40 000=100 000（元）

A产品收入占总收入比例=150 000÷250 000×100%=60%

B产品收入占总收入比例=100 000÷250 000×100%=40%

加权平均贡献毛益率（$\overline{cmR}$）=40%×60%+30%×40%=36%

综合保本点销售额（S_0）=72 000÷36%=200 000（元）

②产品A保本点销售量=200 000×60%÷5=24 000（件）

产品B保本点销售量=200 000×40%÷2.5=32 000（件）

③安全边际额=（150 000+100 000）−200 000=50 000（元）

④预计利润=250 000×36%−72 000=18 000（元）

（2）此时预计利润=（5×40 000×40%+2.5×32 000×30%）−（72 000+9 700）
=22 300（元）

比增加广告费前多得利润4 300元（22 300−18 000），所以采取这一措施合算。

（3）产品A销售收入=5×40 000=200 000（元）

产品B销售收入=2.5×32 000=80 000（元）

A收入占总收入比例=200 000÷280 000×100%=71.43%

B收入占总收入比例=1−71.43%=28.57%

加权平均贡献毛益率（$\overline{cmR}$）=40%×71.43%+30%×28.57%=37.143%

综合保本额=（72 000+9 700）÷37.143%=219 960.69（元）

16.解：

（1）A、B、C的贡献毛益率依次为：

$$cmR_A=\frac{1\,250-600}{1\,250}\times100\%=52\%$$

$$cmR_B=\frac{1\,250-700}{1\,250}\times100\%=44\%$$

$$cmR_C=\frac{3\,000-2\,100}{3\,000}\times100\%=30\%$$

总收入=1 250×20+1 250×40+3 000×60=25 000+50 000+180 000=255 000（元）

A、B、C产品收入占总收入比例依次为：

A产品收入占总收入比例=25 000÷255 000×100%=9.8%

B产品收入占总收入比例=50 000÷255 000×100%=19.6%

C产品收入占总收入比例=180 000÷255 000×100%=70.6%

$\overline{cmR}$=52%×9.8%+44%×19.6%+30%×70.6%=34.9%

（2）综合保本销售额=20 160÷34.9%=57 765（元）

（3）A产品保本额=57 765×9.8%=5 660.97（元）

B产品保本额=57 765×19.6%=11 321.94（元）

C产品保本额=57 765×70.6%=40 782.09（元）

（4）预计营业利润=255 000×34.9%−20 160=68 835（元）

或　预计营业利润=（255 000−57 765）×34.9%=68 835（元）

或　预计营业利润=（1 250−600）×20+（1 250−700）×40+（3 000−2 100）×60−20 160

=68 840（元）

17.解：

（1）计算甲产品保本量。

①单项概率法。

期望单价=30×0.8+25×0.2=29（元/件）

期望单位变动成本=15×0.9+10×0.1=14.5（元/件）

甲产品保本量=30 000÷（29−14.5）=2 069（件）

②联合概率法。

计算结果见表2-5。

表2-5　联合概率法甲产品保本量的计算

固定成本	单价		单位变动成本		保本量（件）	联合概率	期望保本量（件）
	金额（元/件）	概率	金额（元/件）	概率			
30 000	30	0.8	15	0.9	2 000	0.72	1 440
			10	0.1	1 500	0.08	120
	25	0.2	15	0.9	3 000	0.18	540
			10	0.1	2 000	0.02	40
						1.00	2 140

（2）单项概率法下的保本量是2 069件，联合概率法下的保本量是2 140件，相差71件。联合概率法虽然能够考虑所有因素变动的各种可能组合，但计算出来的保本量无法应用于本量利分析与保本点有关的基本公式，即按π=（$x-x_0$）（$p-b$）=（$s-s_0$）cmR计算出来的营业利润与按联合概率法计算出来的营业利润不一致。而单项概率法计算出来的保本量可直接应用于本量利分析与保本点有关的基本公式，即按π=（$x-x_0$）（$p-b$）=（$s-s_0$）cmR计算出来的营业利润与按单项概率法计算出来的营业利润一致。因而，单项概率法更具可信性。

18.解：

（1）本年贡献毛益=2 500 000+1 000 000=3 500 000（元）

单位贡献毛益=3 500 000÷2 000 000=1.75（元）

下年贡献毛益=1.75×2 500 000=4 375 000（元）

下年营业利润=4 375 000−2 500 000=1 875 000（元）

（2）营业利润增长率=（1 875 000−1 000 000）÷1 000 000×100%=87.5%

或者因为：

销量的敏感系数（M_x）=（$p-b$）$x\div\pi$=1.75×2 000 000÷1 000 000=3.5

销量增长率=（2 500 000−2 000 000）÷2 000 000×100%=25%

所以：

营业利润增长率=M_xK_x=3.5×25%=87.5%

19.解：

全年目标利润为：

π=（260−160）×500 000−8 000 000=42 000 000（元）

（1）销量的临界值（最小允许值）：

x=8 000 000÷（260−160）=80 000（件）

（2）销售单价的临界值（最小允许值）：

p=（8 000 000+160×500 000）÷500 000=176（元/件）

（3）单位变动成本的临界值（最大允许值）：

b=（260×500 000−8 000 000）÷500 000=244（元/件）

（4）固定成本的临界值（最大允许值）：

a=（260−160）×500 000=50 000 000（元）

20.解：

（1）2021年利润（π）$=\frac{(p-b)\cdot x}{M_x}=\frac{900}{2}$=450（万元）

（2）2021年固定成本（a）=（p−b）·x−π=900−450=450（万元）

（3）2021年销售收入（s）$=\frac{(p-b)\cdot x}{cmR}=\frac{900}{30\%}$=3 000（万元）

（4）2021年保本额（s_0）$=\frac{a}{cmR}=\frac{450}{30\%}$=1 500（万元）

（5）2021年安全边际率（MSR）$=\frac{S-S_0}{S}=\frac{3\,000-1\,500}{3\,000}\times100\%$=50%

（6）2022年预计利润（π）=S · cmR−a=3 000×（1+10%）×30%−450

=540（万元）

或由（K_π）$_x$=M_x · K_x知：

利润增长率（（K_π）$_x$）=2×10%=20%

预计利润（π）=450×（1+20%）=540（万元）

21.解：

（1）因π=（2−0.8）×100 000−100 000=20 000（元）

$M_x=\frac{(2-0.8)\times100\,000}{20\,000}=6$

$M_p=\frac{2\times100\,000}{20\,000}=10$

$M_b=\frac{-0.8\times100\,000}{20\,000}=-4$

$M_a=\frac{-100\,000}{20\,000}=-5$

（2）销售量增加10%，营业利润将增加60%（6×10%）。

营业利润（π）=20 000×（1+60%）=32 000（元）

（3）变动后营业利润（π′）=（2−0.8×0.9）×100 000×1.2−100 000=53 600（元）

营业利润增加百分比$=\frac{53\,600-20\,000}{20\,000}\times100\%=168\%$

22.解：

（1）计算第一、第二年营业利润。

①变动成本法下：

第一年营业利润=15×20 000−5×20 000−（180 000+25 000）=−5 000（元）

第二年营业利润=15×25 000−5×25 000−（180 000+25 000）=45 000（元）

②完全成本法下：

第一年期末存货成本$=\left(5+\frac{180\,000}{30\,000}\right)\times(30\,000-20\,000)=110\,000$（元）

第一年营业利润=15×20 000−（0+5×30 000+180 000−110 000）−25 000=55 000（元）

第二年期末存货成本$=\left(5+\frac{180\,000}{24\,000}\right)\times(10\,000+24\,000-25\,000)=112\,500$（元）

第二年营业利润=15×25 000−（110 000+5×24 000+180 000−112 500）−25 000
=52 500（元）

（2）①变动成本法下，根据利润公式：

π=px−bx−a

可知，营业利润会随着销量的增加而增加。

②完全成本法下，营业利润不一定随着销量的增加而增加，如本题，当销售20 000件时，营业利润是55 000元；当销售25 000件时，营业利润却是52 500元，比销售20 000件时减少2 500元。

23.解：

（1）变动成本法下：

①产品成本=7 000+4 000+1 000=12 000（元）

②期间成本=9 000+8 000+3 000=20 000（元）

③期末存货成本=（12 000÷2 000）×（2 000−1 800）=1 200（元）

④销售成本=（12 000÷2 000）×1 800=10 800（元）

⑤营业利润=20×1 800−（6×1 800+3 000+1 000）−（3 000+6 000+7 000）
=5 200（元）

（2）完全成本法下：

①产品成本=7 000+4 000+4 000=15 000（元）

②期间成本=9 000+8 000=17 000（元）

③期末存货成本=（15 000÷2 000）×（2 000−1 800）=1 500（元）

④销售成本=0+15 000−1 500=13 500（元）

⑤营业利润=20×1 800−13 500−17 000=5 500（元）

24.解：

（1）变动成本法下：

产品销售成本=60×180=10 800（元）

营业利润=120×180−（60×180+1 000+100）−（3 000+2 000+900）=3 800（元）

（2）完全成本法下：

期末存货成本=$\left(60+\frac{3\ 000}{200}\right)$×（200−180）=1 500（元）

营业利润=［120×180−（0+60×200+3 000−1 500）］−（1 000+2 000+100+900）
=4 100（元）

25.解：

（1）变动成本法下：

第一年、第二年产品单位成本为20元/件。

完全成本法下：

第一年产品单位成本=20+80 000÷16 000=25（元/件）

第二年产品单位成本=20+80 000÷10 000=28（元/件）

（2）两种成本法计算的利润分别见表2-6、表2-7。

表2-6 变动成本法下利润的计算 单位：元

项目	第1年	第2年
销售收入	14 000×60=840 000	12 000×60=720 000
减：变动生产成本	14 000×20=280 000	12 000×20=240 000
变动销售及管理费用	14 000×5=70 000	12 000× 5= 60 000
贡献毛益	490 000	420 000
减：固定制造费用	80 000	80 000
固定销售及管理费用	60 000	60 000
营业利润	350 000	280 000

表2-7 完全成本法下利润的计算 单位：元

项目	第1年	第2年
销售收入	14 000×60=840 000	12 000×60=720 000
期初存货		50 000
加：本期产品成本	25×16 000=400 000	28×10 000=280 000
可供销售的产品	400 000	330 000
减：期末存货	（16 000−14 000）×25=50 000	28×（2 000+10 000−12 000）=0
产品销售成本	350 000	330 000
销售毛利	490 000	390 000
减：销售及管理费用	14 000×5+60 000=130 000	5×12 000+60 000=120 000
营业利润	360 000	270 000

（3）差异产生的原因是期初、期末存货中固定制造费用的水平不同，两种成本法下的利润有如下关系：

完全成本法下的营业利润=变动成本法下的营业利润+完全成本法下期末存货中的固定制造费用-完全成本法下期初存货中的固定制造费用

第一年：

完全成本法下的营业利润=350 000+80 000÷16 000×2 000-0=360 000（元）

第二年：

完全成本法下的营业利润=280 000+0-80 000÷16 000×2 000=270 000（元）

26.解：

（1）①变动成本法下的营业利润=（5-3-5×5%）×140 000-（170 000+65 000）
=10 000（元）

②完全成本法下的营业利润=［5-（3+170 000÷170 000）］×140 000-（5×140 000×5%+65 000）
=（5-4）×140 000-100 000=40 000（元）

（2）两种方法下计算的营业利润相差30 000元（40 000-10 000），期末产成品存货30 000吨。

完全成本法下：

期末存货成本=（3×170 000+170 000）-（3+170 000÷170 000）×140 000
=680 000-560 000=120 000（元）

变动成本法下：

期末存货成本=3×30 000=90 000（元）

两种方法下的期末存货成本正好相差30 000元（120 000-90 000），其实质是：

完全成本法下的营业利润-变动成本法下的营业利润=完全成本法下期末产成品存货中的固定生产成本-完全成本法下期初产成品存货中的固定生产成本
=（170 000÷170 000）×（170 000-140 000）-0
=30 000-0=30 000（元）

第三章 预测分析

一、本章内容结构

- 预测分析
  - 预测分析概述（第一节）
    - 一、预测分析及其作用
    - 二、预测分析的步骤
    - 三、经营预测分析的基本内容
    - 四、预测分析的方法
    - 五、预测分析的原则
    - 六、预测分析的误差估计方法
  - 销售预测（第二节）
    - 一、销售预测概述
    - 二、销售预测的定量分析法
    - 三、销售预测的定性分析法
  - 成本预测（第三节）
    - 一、成本预测概述
    - 二、成本预测的本量利分析法
    - 三、回归分析法
    - 四、经验曲线预测法
  - 利润预测（第四节）
    - 一、利润预测概述
    - 二、比例分析预测法
    - 三、本量利分析预测法
  - 资金预测（第五节）
    - 一、资金预测概述
    - 二、资金需要量的分项目预测
    - 三、资金需要总量预测

二、学习目的与要求

（一）学习目的

利用定量分析和定性分析的方法，对企业在生产经营过程中的产品销售、生产成本、营业利润和资金需求量进行预测，并进行误差分析。

（二）学习要求

1.掌握定量分析和定性分析的基本方法，熟练地进行销售预测、成本预测、利润预测和资金预测。

2.掌握误差估计的基本方法，能熟练地运用误差估计的方法进行误差估计。

三、本章重点与难点

（一）重点

1.销售预测的方法

（1）加权平均法

销售预测数$\bar{y}_n = \dfrac{\sum_{t=1}^{n} x_t W_t}{\sum_{t=1}^{n} W_t} = \dfrac{\sum_{t=1}^{n} x_t W_t}{W}$

其中：n=选择的期数（即历史数据的个数）；t=1，2，3，…，n；x_t=选择的第t期历史数据；

W_t=第t期历史数据的权数；$W = \sum_{t=1}^{n} W_t$。

（2）算术（简单）平均法

销售预测数$\bar{y}_n = \dfrac{\sum_{t=1}^{n} x_t}{n}$，是加权平均法中各期权数都为1的特殊情况。

（3）指数平滑法

销售预测数$y_t = \alpha x_{t-1} + (1-\alpha) y_{t-1}$

$= \alpha x_{t-1} + \alpha(1-\alpha) x_{t-2} + \alpha(1-\alpha)^2 x_{t-3} + \cdots + \alpha(1-\alpha)^{t-2} x_1 + (1-\alpha)^{t-1} y_1$

其中：α表示平滑系数，其取值范围通常为0.3~0.7，y_t为第t年预测值，x_t为第t年实际值。

（4）时间序列回归分析法

直线回归法：

$y = a + b \cdot t$

指数曲线回归法：

$y = a \cdot b^t$

二次曲线回归法：

$y = a + b \cdot t + c \cdot t^2$

其中：y为预测值，t为时间变量，a、b、c为能计算的相关常数。

2.成本预测的方法

（1）本量利分析法

①全部产品目标成本预测值=预测销售收入-目标利润-应纳税金及附加

②单项产品目标成本预测值=预计单价×（1-相关税率）×预测销售量-该产品目标利润

（2）回归分析法

一元线性回归分析法：

$y = a + b \cdot x$

其中：y为成本，x是与成本y有关的自变量。

二元线性回归分析法：

$z = a + b \cdot x + c \cdot y$

其中：z为成本，x、y是与成本z有关的两个自变量。

（3）学习曲线预测法

$$y = a \cdot x^{-b} = \frac{a}{x^b}$$

$$L = y \cdot x = a \cdot x^{(1-b)}$$

其中：y为生产x件产品时平均单位产品所需直接人工小时数，L为生产x件产品时所需的全部直接人工小时数，a为生产第一件产品时所需的直接人工小时数，x为产品数量，b为经验系数（学习率指数）。

3.利润预测的方法

（1）比例分析预测法

比例分析预测法包括销售利润率法、产值利润率法、资金利润率法、利润增长百分率法。

（2）本量利分析预测法

$\pi = (p-b)x - a$

4.资金预测的方法

（1）资金需要量的分项目预测

①固定资金需要量预测。

②流动资金需要量预测。

（2）资金需要总量预测

①回归分析法。

资金需要总量 $y=a+bx$

其中：x为与y有关的业务量，a、b为可计算的常数。

②销售百分比法（又称预计资产负债表法）。

$$\text{对外筹资需求量} = (S_1 - S)\left(\frac{A}{S} - \frac{L}{S}\right) - D - \Delta\text{留存收益} - \Delta\text{非敏感负债} - \Delta\text{资本公积} - \Delta\text{其他综合收益} + \Delta\text{非敏感资产}$$

其中：A为基期与销售收入有关的资产项目总额，L为基期与销售收入有关的负债项目总额，S为基期销售收入总额，S_1为预测期销售收入总额，D为预测期计提折旧，Δ为增量符号。

③编制现金预算法（见第六章现金预算）

5.误差估计的方法

（1）利用n期历史数据资料的误差估计

①平均误差法。

②最大误差法。

（2）利用连续可微函数y=f（x）的误差估计

①一般误差法。

②最大误差法。

（二）难点

误差估计方法的应用。

四、练习题

（一）填空题

1.预测分析的具体方法很多，基本上可以归为以下两类：（　　）与（　　）。

2.预测分析的定量分析法又分为（　　）和（　　）。

3.趋势预测分析法又称时间序列分析法，属于这种方法的有（　　）和（　　）。

4.趋势预测分析法与因果预测分析法的主要区别在于，前者的自变量是（　　），后者的自变量是（　　）。

5.影响平均法预测值的主要因素有两个，其一是计算平均数所选择的（　　），其二是每期数据的（　　）。

（二）单项选择题

1.下列不属于趋势预测分析法的是（　　）。

A.本量利分析法　　B.算术平均法

C.加权平均法　　D.指数平滑法

2.在销售预测的趋势预测分析法中，回归直线y=a+bx中的x代表（　　）。

A.时间　　B.产量或销量

C.单价　　D.销售收入

3.在销售预测中，时间序列回归分析法一般比较适用于（　　）的企业。

A.各期产品产销量逐渐增加　　B.各期产品生产量基本稳定

C.各期产品销售量基本稳定　　D.各期产品产销量大幅度变动

4.在销售预测中，平均法一般比较适用于（　　）的企业。

A.各期产品产销量逐渐增加　　B.各期产品生产量基本稳定

C.各期产品销售量基本稳定　　D.各期产品产销量大幅度变动

5.设某企业上期实际销售量为50 000件，上期预测销售量为55 000件，平滑指数为0.4，则下期的预测销售量为（　　）件。

A.53 000　　B.52 000

C.52 500　　D.52 750

6.某公司计划年度预计销售收入为500 000元，税率为销售收入的8%，要实现的目标利润为80 000元，则企业的目标成本为（　　）元。

A.380 000　　B.460 000

C.620 000　　D.120 000

7.某企业本年取得销售收入200万元，利润30万元，预计下年可实现销售收入300万元，利用销售利润率法预测下年利润为（　　）。

A.45万元　　B.15万元

C.90万元　　D.无法预计

8.下列不属于经营预测的是（　　）。

A.固定资产需求量预测　　B.销售预测

C.利润预测　　D.资金预测

9.在企业预测系统中，处于先导地位的是（　　）。

A.销售预测　　B.成本预测

C.利润预测　　D.资金预测

10.下列不属于因果预测分析法的是（　　）。

A.本量利分析法　　B.回归分析法

C.经验曲线预测分析法　　D.指数平滑法

11.某企业采用指数平滑法进行销售预测，本月预计销售收入为38 000元，实际销售收入为40 000元，如果该企业预计下月销售收入为38 400元，则该企业采用的平滑指数为（　　）。

A.0.25　　B.0.2

C.0.75　　D.0.8

12.在销售预测的平均法中，设A为所选择的n个历史数据中的最大值，a为最小值，则关于预测值$\overline{y_t}$的说法不正确的是（　　）。

A.$\overline{y_t} \geq a$　　B.$\overline{y_t} \leq A$

C.$a \leq \overline{y_t} \leq A$　　D.$\overline{y_t} =(a+A)\div 2$

13.趋势预测分析法中的时间序列回归分析法和因果预测分析法中的回归分析法的主要区别是（　　）。

A.计算公式的形式不同　　B.因变量不同

C.自变量不同　　D.误差估计的公式不同

14.经验曲线预测法主要适合进行（　　）。

A.销售预测　　B.成本预测

C.利润预测　　D.资金预测

15.比率分析预测法主要适合进行（　　）。

A.销售预测　　B.成本预测

C.利润预测　　D.资金预测

16.销售百分比法主要适合进行（　　）。

A.销售预测　　B.成本预测

C.利润预测　　D.资金预测

（三）多项选择题

1.常用的销售预测方法包括（　　）。

A.算术平均法　　B.加权平均法

C.指数平滑法　　D.直线回归法

E.账户分析法

2.在下列预测方法中，属于趋势预测分析法的有（　　）。

A.算术平均法　　B.加权平均法

C.指数平滑法　　D.时间序列回归分析法

E.本量利分析法

3.在资金总量预测中，常用的定量分析方法有（　　）。

A.本量利分析法　　B.趋势预测分析法

C.回归分析法　　D.销售百分比法

E.编制现金预算法

4.运用销售百分比法进行资金预测，会随着销售收入的增加而自然增加的资产类项目有（　　）。

A.周转中的货币资金　　B.应收账款

C.存货　　D.无形资产

E.利用率已达饱和的固定资产

5.经营预测分析的基本内容包括（　　）。

A.销售预测　　B.成本预测

C.利润预测　　D.资金预测

E.项目预测

6.在指数平滑法中，对“权数”的说法，正确的有（　　）。

A.各期实际值取不同的权数　　B.各期实际值取相同的权数

C.越是近期的实际值，权数越大　　D.越是远期的实际值，权数越大

E.权数的大小没有规律

7.下列关于趋势预测分析法中的“平均法”，说法正确的有（　　）。

A.预测值受已知期数的影响　　B.预测值受所选择期数的影响

C.预测值受各期权数的影响　　D.预测值不受各期权数的影响

E.预测值一定在所选择期数的最大值和最小值之间

8.运用销售百分比法进行资金预测，会随着销售收入的增加而增加的负债类项目有（　　）。

A.应付账款　　B.应交税费

C.应付股利　　　　D.长期借款

E.应付债券

(四) 判断题

1.预测是为决策服务的，有时候也可以代替决策。（　　）

2.定性分析法与定量分析法在实际应用中是互相排斥的。（　　）

3.平均法对各期历史数据资料同等对待，权数相同。（　　）

4.采用平均法的预测值，会因选择的期数和权数的不同而不同。（　　）

5.采用平均法的预测值，可能大于所取n个数据的最大值，也可能小于所取n个数据的最小值。（　　）

6.成本预测是其他各项预测的基础。（　　）

7.时间序列回归分析法是趋势预测分析法的一种，因此，回归分析法都属于趋势预测分析法。（　　）

8.当销量呈现明显上升趋势或下降趋势时仍可采用平均法进行销售预测。（　　）

9.就预测而言，如果不能对预测误差进行估计，那么就不能应用于决策。（　　）

10.资金预测的销售百分比法，可对资金需要总量进行匡算，准确性较差。（　　）

11.对于预测分析，不需要对预测误差进行估计。（　　）

12.预测分析的内容，既包括经营预测，又包括长期投资预测。（　　）

(五) 名词解释

1.定量分析法　　　　2.定性分析法

3.趋势预测分析法　　　　4.因果预测分析法

5.经营预测　　　　6.销售预测

7.成本预测　　　　8.利润预测

9.资金需要量预测　　　　10.销售百分比法

(六) 简答题

1.什么是经营预测？其包括哪些基本内容？

2.预测分析的基本方法有哪些？

(七) 业务题

1.假设某公司2022年1—6月的实际销售额见表3-1。

表3-1　2022年1—6月的实际销售额　单位：万元

月份	1	2	3	4	5	6
实际销售额	48	49	56	53	52	54

要求：分别采用下述方法预测2022年7月的销售额：

（1）算术平均法（选择6期数据）。

（2）加权平均法，权数按远小近大依次为1，2，3，4，5，6。

（3）指数平滑法，假设6月份的预测数为55.8万元，平滑指数α为0.6。

（4）利用教材中的误差估计公式②，对算术平均法、加权平均法估计平均误差；利用教材中的误差估计公式⑦，对算术平均法、加权平均法估计最大误差。

2.中发公司专门生产彩色电视机显像管，而决定显像管销售量的主要因素是彩色电视机的销售量。假设近5年全国彩色电视机实际销售量的统计资料和中发公司彩色电视机显像管的实际销售量资料见表3-2。

表3-2 全国彩色电视机和中发公司近5年彩色电视机显像管的实际销售量资料

年度	2017	2018	2019	2020	2021
显像管销售量（万只）	25	30	36	40	50
电视机销售量（万台）	120	140	150	165	180

要求：假设2022年全国彩色电视机的销售量预测为200万台，用回归直线法预测2022年中发公司彩色电视机显像管的销售量。

3.某企业只生产甲产品，4年来成本资料见表3-3。

表3-3 某企业成本资料

年度	2018	2019	2020	2021
总产量（万件）	55	68	90	116
总成本（万元）	56	64	85	104

要求：试用回归直线法预测2022年计划产量为135万件时的成本总额。

4.东风汽车厂今年销售汽车12 000辆，每辆售价130 000元，单位变动成本80 000元/辆，固定成本200 000 000元，若明年根据市场调查，预计可销售12 500辆。

要求：按今年销售利润率确定明年的目标利润。

5.中发公司近5年的资金总量和销售收入的资料见表3-4。

表3-4 中发公司资金总量和销售收入资料 单位：万元

年度	2017	2018	2019	2020	2021
销售收入	430	420	445	500	520
资金总量	270	260	275	290	330

如果中发公司2022年销售收入预测值为600万元。

要求：用回归直线法预测2022年资金需要总量。

6.凯利公司2021年的营业收入为8 000万元，通过预计利润表，预计2022年税后净利润为1 200万元，并按10%提取法定盈余公积，根据股利政策，预计股利发放率为可供分配利润的40%，该公司2021年12月31日资产负债表（简表）见表3-5。

表 3-5 资产负债表（简表）

编制单位：凯利公司 2021年12月31日 单位：万元

资产		负债及所有者权益	
货币资金	1 600	应付票据	100
其中：周转中货币资金	1 100	应付账款	800
应收票据	50	应交税费	400
应收账款	810	长期借款	1 200
存货	2 000	实收资本	7 000
固定资产	6 000	盈余公积	1 450
其中：原值 9 000，累计折旧 3 000		未分配利润	50
无形资产	540		
资产总计	11 000	负债及所有者权益总计	11 000

要求：计算盈余公积、未分配利润和留存收益的增加额。

7.在第6题凯利公司有关数据基础上，该公司预测2022年营业收入为10 000万元，假设该公司只销售一种产品，预测增加2 000万元（10 000-8 000）收入是多销售50 000件产品的结果，但生产能力已经饱和，多销售50 000件产品需要增加设备，已知每购入一套生产设备需要4 600万元，每套生产设备最大生产能力为60 000件产品。2022年预计折旧额为599万元，由于有1 200万元长期借款，预计应付利息增加96万元；试预测凯利公司2022年对外筹资需求量。

五、练习题参考答案

（一）填空题

1.定量分析法　定性分析法　　2.趋势预测分析法　因果预测分析法

3.平均法　时间序列回归分析法　　4.时间单位　时间单位以外的业务量

5.期数n　权数

（二）单项选择题

1.A　2.A　3.A　4.C　5.A　6.A　7.A　8.A　9.A　10.D　11.B　12.D　13.C　14.B　15.C　16.D

（三）多项选择题

1.ABCD　2.ABCD　3.CDE　4.ABCE　5.ABCD　6.AC　7.BCE　8.AB

（四）判断题

1.×　2.×　3.×　4.√　5.×　6.×　7.×　8.×　9.√　10.√　11.×　12.×

（五）名词解释

1.定量分析法又称数量分析法，是指在完整掌握与预测对象有关的各种要素定量资料的基础上，运用现代数学方法进行数据处理，据以建立能够反映有关变量之间规律性联系的各类预测模型的方法体系。

2.定性分析法又称非数量分析法，是指由有关方面的专业人员根据个人经验和知识，并考虑到政治、经济形势，市场前景，消费倾向，价格政策对预测对象的影响，结合预测对象的特点进行综合分析，对事物的未来状况和发展趋势作出推测的一种预测方法。

3.趋势预测分析法又称时间序列分析法，是指将时间（月、年）作为制约预测对象变化的自变量，把未来作为历史的自然延续，属于按事物自身发展趋势进行预测的一种预测分析方法。

4.因果预测分析法是指根据预测变量和与它相关联变量之间的因果关系，建立因果预测的数学模型，按预测因素（即非时间自变量）的未来变动趋势来推测预测对象（即因变量）未来水平的一种相关预测方法。

5.经营预测是指企业根据现有的经济条件和掌握的历史资料以及客观事物的内在联系，对生产经营活动的未来发展趋势和状况进行预计和测算。

6.销售预测是指在充分调查、研究的基础上，预计市场对本企业产品在未来时期的需求趋势的经营预测。

7.成本预测是指根据企业目前经营状况和发展目标，利用专门的方法对企业未来成本水平和变动趋势所进行的预计和推测。

8.利润预测是指按照企业经营目标的要求，通过对影响利润变动的成本、销量、价格因素的综合分析，测算企业未来一定时期内可能达到的利润水平和变动趋势。

9.资金需要量预测就是以预测期企业生产经营规模的发展和资金利用效果的提高为依据，在分析有关历史资料、技术经济条件和发展规划的基础上，对预测期资金需要量进行科学预计和测算。

10.销售百分比法又称预计资产负债表法，它是指在销售预测的基础上，假定销售收入与资产负债表中某些资产、负债项目存在固定的百分比关系，根据预计销售额和相应的百分比预计资产、负债和所有者权益变动额，然后利用会计恒等式确定融资需求的一种方法。

（六）简答题

1.什么是经营预测？其包括哪些基本内容？

答：经营预测是指企业根据现有的经济条件和掌握的历史资料以及客观事物的内在联系，对生产经营活动的未来发展趋势和状况进行预计和测算。

经营预测包括销售预测、成本预测、利润预测和资金预测四部分内容。

2.预测分析的基本方法有哪些？

答：预测分析的方法基本上可以归为以下两类：定量分析法与定性分析法。

定量分析法又分为趋势预测分析法和因果预测分析法。

定性分析方法主要包括：市场调查法、专业人员判断分析法。

（七）业务题

1.解：

（1）算术平均法预测2022年7月份销售额$=\frac{48+49+56+53+52+54}{6}$=52（万元）

（2）加权平均法预测2022年7月份销售额$=\frac{48\times1+49\times2+56\times3+53\times4+52\times5+54\times6}{1+2+3+4+5+6}$

=52.86（万元）

（3）指数平滑法预测2022年7月份销售额=0.6×54+（1−0.6）×55.8=54.72（万元）

（4）误差估计。

平均误差计算如下：

①算术平均法。

$$\delta=\frac{|48-52|+|49-52|+|56-52|+|53-52|+|52-52|+|54-52|}{6}$$

=2.33

②加权平均法。

$$\delta=|48-52.86|\times\frac{1}{21}+|49-52.86|\times\frac{2}{21}+|56-52.86|\times\frac{3}{21}+|53-52.86|\times\frac{4}{21}+|52-52.86|\times\frac{5}{21}+|54-52.86|\times\frac{6}{21}$$

=1.6048

最大误差计算如下：

①算术平均法。

$$\Delta=3\times\left(\frac{|48-52|^2+|49-52|^2+|56-52|^2+|53-52|^2+|52-52|^2+|54-52|^2}{6}\right)^{\frac{1}{2}}$$

=8.31

②加权平均法。

$$\Delta=3\times\left(|48-52.86|^2\times\frac{1}{21}+|49-52.86|^2\times\frac{2}{21}+|56-52.86|^2\times\frac{3}{21}+|53-52.86|^2\times\frac{4}{21}+|52-52.86|^2\times\frac{5}{21}+|54-52.86|^2\times\frac{6}{21}\right)^{\frac{1}{2}}$$

=6.3664

通过对算术平均法、加权平均法的平均误差和最大误差估计可以看出，加权平均法比算术平均法更具有可信度。

2.解：设电视机为x万台，显像管为y万只，根据给定资料编制计算表见表3-6。

相关系数$r=\frac{5\times28\,200-755\times181}{\sqrt{(5\times116\,125-755^2)\times(5\times6\,921-181^2)}}$

$$=\frac{4\ 345}{4\ 421}=0.9828>0.8$$

表 3-6 相关变量计算表（一）

年度	电视机 x_i	显像管 y_i	x_iy_i	x_i^2	y_i^2
2017	120	25	3 000	14 400	625
2018	140	30	4 200	19 600	900
2019	150	36	5 400	22 500	1 296
2020	165	40	6 600	27 225	1 600
2021	180	50	9 000	32 400	2 500
n=5	$\sum x_i=755$	$\sum y_i=181$	$\sum x_i y_i=28\ 200$	$\sum x_i^2=116\ 125$	$\sum y_i^2=6\ 921$

说明x与y存在线性关系，从而有：

$$b=\frac{5\times 28\ 200-755\times 181}{5\times 116\ 125-755^2}=\frac{4\ 345}{10\ 600}=0.41$$

$$a=\frac{181-0.41\times 755}{5}=-25.71$$

$y=-25.71+0.41x$

预测2022年显像管销售量：

$y=-25.71+0.41\times 200=56.29$（万只）

3.解：根据上述资料计算见表3-7。

表 3-7 相关变量计算表（二）

期数	产量（x_i）	成本（y_i）	x_iy_i	x_i^2	y_i^2
1	55	56	3 080	3 025	3 136
2	68	64	4 352	4 624	4 096
3	90	85	7 650	8 100	7 225
4	116	104	12 064	13 456	10 816
n=4	$\sum x_i=329$	$\sum y_i=309$	$\sum x_i y_i=27\ 146$	$\sum x_i^2=29\ 205$	$\sum y_i^2=25\ 273$

$$相关系数\ r=\frac{4\times 27\ 146-329\times 309}{\sqrt{(4\times 29\ 205-329^2)(4\times 25\ 273-309^2)}}$$

$$=\frac{6\ 923}{6\ 938.07}=0.9978>0.8$$

说明产量x与成本y高度正相关，从而可计算：

$$b=\frac{4\times 27\ 146-329\times 309}{4\times 29\ 205-329^2}=0.807$$

$$a=\frac{309-0.807\times 329}{4}=10.874$$

得到回归方程：

y=10.874+0.807x

当2022年计划产量为135万件时，成本总额为：

y=10.874+0.807×135=119.82（万元）

4.解：

今年利润=130 000×12 000−80 000×12 000−200 000 000=400 000 000（元）

今年销售利润率=400 000 000÷（130 000×12 000）×100%=25.64%

明年目标利润=130 000×12 500×25.64%=416 650 000（元）

5.解：设销售收入为x万元，资金需用总量为y万元，根据给定资料编制计算表见表3-8。

表3-8 相关变量计算表（三）

年度	收入（x_i）	资金（y_i）	x_iy_i	x_i^2	y_i^2
1	430	270	116 100	184 900	72 900
2	420	260	109 200	176 400	67 600
3	445	275	122 375	198 025	75 625
4	500	290	145 000	250 000	84 100
5	520	330	171 600	270 400	108 900
n=5	$\sum x_i$=2 315	$\sum y_i$=1 425	$\sum x_iy_i$=664 275	$\sum x_i^2$=1 079 725	$\sum y_i^2$=409 125

$$\text{相关系数 } r=\frac{5\times 664\,275-2\,315\times 1\,425}{\sqrt{(5\times 1\,079\,725-2\,315^2)(5\times 409\,125-1\,425^2)}}$$

$$=\frac{22\,500}{\sqrt{39\,400\times 15\,000}}=\frac{22\,500}{24\,310.5}=0.9255>0.8$$

说明x与y存在线性关系，从而有：

$$b=\frac{5\times 664\,275-2\,315\times 1\,425}{5\times 1\,079\,725-2\,315^2}=\frac{22\,500}{39\,400}=0.57$$

$$a=\frac{1\,425-0.57\times 2\,315}{5}=21.09$$

资金函数为：

y=21.09+0.57x

2022年资金总量为：

y=21.09+0.57×600=363.09（万元）

6.解：Δ盈余公积=预测期净利润×10%=1 200×10%=120（万元）

Δ未分配利润=（基期未分配利润+预测期预计净利润）×（1−股利分配率）−基期未分配利润=（50+1 200）×（1−40%）−50=700（万元）

Δ留存收益=Δ盈余公积+Δ未分配利润=120+700=820（万元）

7. 解：

基期敏感资产=周转中货币资金+应收票据+应收账款+存货

=1 100+50+810+2 000=3 960（万元）

基期敏感负债=应付票据+应付账款+应交税费

=100+800+400=1 300（万元）

已知2022年折旧增加599万元，由6题可知，留存收益增加820万元，非敏感负债中的应付利息增加96万元，不包括股本溢价的资本公积，其他综合收益没有变化，由于预测期比基期要增加50 000件产品，生产能力已经饱和，还要购入一套4 600万元的生产设备，且最大生产能力为60 000件，能满足增加50 000件产品的需要，因此，非敏感资产中的固定资产原值增加4 600万元。

$$\text{对外筹资需求量} = (S_1 - S)\left(\frac{A}{S} - \frac{L}{S}\right) - D - \Delta\text{留存收益} - \Delta\text{非敏感负债} - \Delta\text{资本公积} - \Delta\text{其他综合收益} + \Delta\text{非敏感资产}$$

$$= (10\,000 - 8\,000) \times \left(\frac{3\,960}{8\,000} - \frac{1\,300}{8\,000}\right) - 599 - 820 - 96 - 0 - 0 + 4\,600$$

$$= 665 - 599 - 820 - 96 + 4\,600$$

=3 750（万元）

因此，2022年凯利公司需对外筹资3 750万元。相应的，2022年预计资产负债表中的短期借款、长期借款、应付债券、实收资本、股本溢价合计数也将增加3 750万元，即，2022年预测对外追加资金量为3 750万元。

第四章 投资决策分析（上）——对内短期投资决策

一、本章内容结构

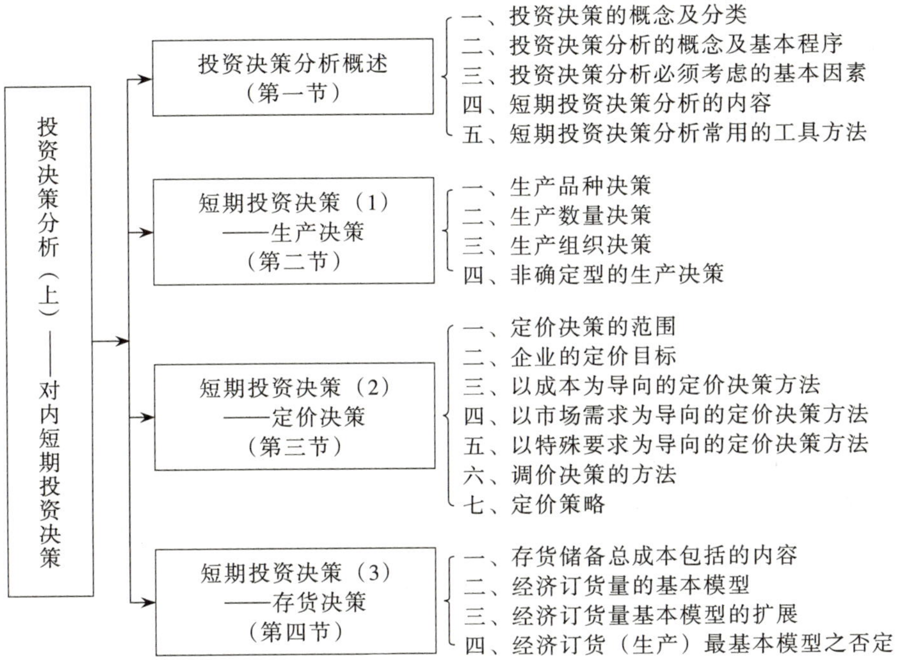

二、学习目的与要求

（一）学习目的

掌握影响短期投资决策的重要因素、进行短期投资决策的评价标准和评价方法，并在此基础上进行生产决策、定价决策和存货决策。

（二）学习要求

掌握影响短期投资决策的重要因素，熟练掌握进行短期投资决策的评价标准和评价方法。

三、本章重点与难点

（一）重点

1.影响短期投资决策的重要因素

（1）相关收入；

（2）相关成本。

2.短期投资决策的评价标准

（1）收益最大；

（2）成本最低；

（3）贡献毛益最大。

3.短期投资决策常用的评价方法

（1）本量利分析法

①差量分析法

设有A、B两个方案。

Δ收入=A收入−B收入

Δ成本=A成本−B成本

$$\Delta 收益=\Delta 收入-\Delta 成本\begin{cases}>0, 选A\\<0, 选B\end{cases}$$

②相关分析法

设有A、B两个方案。

A收益=A收入−A成本

B收益=B收入−B成本

当有相关收入时，选收益最大或贡献毛益最大或剩余贡献毛益最大的方案。

其中：

剩余贡献毛益=贡献毛益−专属成本和机会成本

当无相关收入时，选成本最低的方案。

（2）最优分析法。

不需要事先设计一个或几个备选方案，而是通过分析过程来形成一个最优方案。

4.生产决策主要内容（见表4−1）

表4−1 生产决策主要内容

决策类型	决策内容	评价方法和标准
一、生产品种决策	（一）新产品开发的品种决策 （二）亏损产品是否停产的决策	方法：相关分析法或差量分析法 标准：与固定成本有关，收益最大 与固定成本无关，贡献毛益最大或剩余贡献毛益最大
	（三）有关产品是否深加工的决策	方法：相关分析法或差量分析法 标准：相关收益最大

续表

决策类型	决策内容	评价方法和标准
二、生产数量决策	(一）单一产品生产数量决策	方法：最优分析法 标准：收益最大
	(二）产品组合生产数量决策	方法：最优分析法 标准：收益最大或贡献毛益最大
	(三）最优生产批量决策	方法：最优分析法 标准：成本最低
三、生产组织决策	(一）零部件自制还是外购的决策	方法：相关分析法或差量分析法 标准：成本最低
	(二）选用不同加工设备的决策	方法：相关分析法或差量分析法中成本无差别点分析法 标准：成本最低
	(三）设备出租或出售的决策	方法：相关分析法或差量分析法 标准：收益最大
四、非确定型生产决策	(一）风险型生产决策	方法：概率分析法 标准：收益最大
	(二）不确定型生产决策	方法：小中取大法、大中取小法、大中取大法、折中决策法 标准：收益最大

5.定价决策主要内容（见表4-2）

表4-2 定价决策主要内容

类型	决策方法	决策规则
一、以成本为导向	完全成本加成定价法	产品单价=单位产品成本×（1+加成率） $加成率=\dfrac{投资额\times期望投资报酬率+期间费用}{预计产量\times单位产品成本}$
	变动成本加成定价法	产品单价=单位变动成本×（1+加成率） $加成率=\dfrac{投资额\times期望投资报酬率+固定成本}{预计产量\times单位变动成本}$
二、以市场需求为导向	公式法	若收入、成本均是产销量的连续可微函数，当边际利润=0时利润最大，此时的价格为最优价格
	列表法	若收入、成本均是离散型的，采用相关分析法，通过列表（或直接）计算每种单价时的利润，此时，利润最大的单价即为最优价格

续表

类型	决策方法	决策规则
三、以特殊要求为导向	最优分析法中的本量利分析法	$b\le p\le (b+\frac{a}{x})+\frac{\pi_{目}}{x}$ 价格p应大于等于单位变动成本，小于等于总成本下单位产品成本加单位目标利润
四、调价决策	差量分析法中的需求价格弹性法	1. $\lvert E\rvert\le 1 \Leftrightarrow \Delta P>0$　应提价 2. $\lvert E\rvert>1\Leftrightarrow \frac{P\cdot(1+E)}{2E}>0 \Leftrightarrow \begin{cases}\frac{b}{2}>\frac{P\cdot(1+E)}{2E} \Leftrightarrow \Delta P>0\text{ 应提价}\\ \frac{b}{2}=\frac{P\cdot(1+E)}{2E} \Leftrightarrow \Delta P=0\text{ 不提价}\\ \frac{b}{2}<\frac{P\cdot(1+E)}{2E} \Leftrightarrow \Delta P<0\text{ 应降价}\end{cases}$
	差量分析法中的利润无差别点法	利润无差别点销售量 $x_0=\frac{\text{固定成本+调价前可获利润}}{\text{拟调单价－单位变动成本}}$ 设x为生产能力，x_1为调价后预计销售量 1. $x>x_0$，$x_1>x_0$，同时满足，可调价 2. $x>x_0$，$x_1=x_0$ 或 $x=x_0$，$x_1>x_0$，调不调一样 3. $x>x_0$，$x_1>x_0$ 有一个不成立，不能调价

6.存货决策主要内容

设T=相关总成本，Q=每次订货量，D=存货年需求量，U=单位采购成本，K=每次订货成本，C=单位储存成本，R=再订货点，d=平均每日耗用量，e=每日最大耗用量，L=订货提前期，M=延迟交货的天数，E=缺货成本。

（1）与采购批量相关总成本=采购成本+订货成本+储存成本+缺货成本

即：$T=D\cdot U+\frac{D}{Q}\cdot K+\frac{Q}{2}\cdot C+E$

（2）经济订货量基本模型。

相关总成本 $T(Q)=\frac{D}{Q}\cdot K+\frac{Q}{2}\cdot C$

经济订货量 $Q^*=\sqrt{\frac{2\cdot D\cdot K}{C}}$

最佳订货次数 $N^*=\frac{D}{Q^*}$

最佳订货周期 $t^*=\frac{1}{N^*}$（年）$=\frac{12}{N^*}$（月）$=\frac{360}{N^*}$（天）

经济订货量占用资金 $j=U\cdot\frac{Q^*}{2}$

相关最低总成本 $T(Q^*)=\sqrt{2\cdot D\cdot K\cdot C}=Q^*\cdot C$

再订货点R=0

（3）经济订货量基本模型的扩展（见表4-3）。

表4-3 基本模型的扩展

类型	决策标准
1.存在数量折扣	相关总成本T（Q）$=D\cdot U+\frac{D}{Q}\cdot K+\frac{Q}{2}\cdot C$ 经济订货量Q^*=各分段函数的最小值 再订货点R=0
2.每次订货不是一次到达	相关总成本T（Q）$=\frac{D}{Q}\cdot K+\frac{Q}{2}\cdot(1-\frac{d}{p})\cdot C$ 经济订货量$Q^*=\sqrt{\frac{2\cdot D\cdot K}{C\cdot(1-\frac{d}{p})}}=\sqrt{\frac{2\cdot D\cdot K}{C}\cdot\frac{p}{p-d}}$ 相关最低总成本T（Q^*）$=\sqrt{2\cdot D\cdot K\cdot C\cdot(1-\frac{d}{p})}=\frac{2\cdot D\cdot K}{Q^*}$ 再订货点（R）=0
3.每次订货不能马上到货	相关总成本T（Q）$=\frac{D}{Q}\cdot K+\frac{Q}{2}\cdot C$ 经济订货量$Q^*=\sqrt{\frac{2\cdot D\cdot K}{C}}$ 再订货点R=d·L
4.存货非连续均匀耗用	相关总成本T（Q）$=\frac{D}{Q}\cdot K+\frac{Q}{2}\cdot C$ 经济订货量$Q^*=\sqrt{\frac{2\cdot D\cdot K}{C}}$ 再订货点R=e×L
5.允许缺货时	略
6.一般情况	不允许缺货情况下： 相关总成本T（Q）$=D\cdot U+\frac{D}{Q}\cdot K+\frac{Q}{2}\cdot(1-\frac{d}{p})\cdot C$ 经济订货量Q^*分析确定 再订货点（R）=e·（M+L）

（二）难点

众多公式的应用。

1.生产决策的图解法。

2.定价决策的调价决策方法。

3.存货决策中经济订货量基本模型的扩展。

四、练习题

（一）填空题

1.管理的重心在（　　），经营的重心在（　　）。

2.投资决策按投资决策条件的肯定程度可分为（　　）、（　　）和不确定型投资决策。

3.将（　　）和（　　）统称为非确定型投资决策。

4.短期投资决策必须考虑的基本因素是（　　）、（　　）。

5.短期投资决策的内容主要有（　　）、（　　）和存货决策。

6.本量利分析法的评价标准主要有（　　）、（　　）和贡献毛益最大。

7.本量利分析法中常用的工具方法有（　　）和（　　）。

（二）单项选择题

1.当进行投资决策时，在若干个备选方案中，因选取最满意方案而放弃次满意方案所丧失的潜在利益，称为（　　）。

A.边际成本　　B.机会成本

C.专属成本　　D.差别成本

2.在短期投资决策中，不需要事先设计一个或几个备选方案，而是通过分析过程来形成一个最优方案的方法，称为（　　）。

A.最优分析法　　B.差量分析法

C.相关分析法　　D.概率分析法

3.下列属于投资决策分析无关成本的是（　　）。

A.边际成本　　B.共同成本

C.机会成本　　D.付现成本

4.短期投资决策不考虑的因素是（　　）。

A.时间价值　　B.相关收入

C.相关成本　　D.相关业务量

5.下列属于投资决策分析相关成本的是（　　）。

A.历史成本　　B.差别成本

C.共同成本　　D.不可延缓成本

6.本量利分析法的评价标准，其实质是（　　）。

A.收益最大　　B.成本最低

C.贡献毛益最大　　D.收入最大

7.当存在数量折扣时，确定存货经济采购批量的标志是（　　）。

A.相关总成本最低　　B.采购数量最多

C.采购价格最低　　D.材料质量最好

8.将投资决策划分为确定型投资决策、风险型投资决策和不确定型投资决策，所依据的分类标志是（　　）。

A.投资决策的重要程度　　B.投资决策条件的肯定程度

C.投资决策规划时期的长短　　D.投资决策解决问题的内容

9.将投资决策划分为对内短期投资决策、对外短期投资决策、对内长期投资决策、对外长期投资决策所依据的分类标志是（　　）。

A.投资决策的重要程度

B.投资决策条件的肯定程度

C.资金投入企业内外及影响时间的长短

D.投资决策解决问题的内容

10.与投资决策相关的因素未来状况不能完全确定，只知道有n（n>1）种肯定的结果，一般以概率表示其可能性的大小，这种决策称为（　　）。

A.确定型投资决策　　B.风险型投资决策

C.不确定型投资决策　　D.非确定型投资决策

11.某企业全年需要甲材料240吨，每次进货成本为40元/吨，材料的年储存成本为12元/吨，则每年的最佳进货次数为（　　）次。

A.3　　B.4

C.6　　D.9

12.在经济订货量基本模型的假设条件中，如果存在数量折扣，其他假设不变，那么，此时存货相关总成本不包括（　　）。

A.采购成本　　B.缺货成本

C.订货成本　　D.储存成本

13.在零部件自制还是外购的决策中，决策的标准是（　　）。

A.收入最大　　B.贡献毛益最大

C.收益最大　　D.成本最低

14.主要利用企业现有生产能力、技术和经营条件，为取得最佳经营收益，在一个经营年度或大于一年的一个经营周期内，为实现其目标的投资决策，称为（　　）。

A.对内短期投资决策　　B.对内长期投资决策

C.对外短期投资决策　　D.对外长期投资决策

15.企业直接为本单位使用的非流动资产项目投入大量资金，获取收益的持续时间在1年以上，能在较长时间内影响企业经营获利能力的投资决策，称为（　　）。

A.对内短期投资决策　　B.对内长期投资决策

C.对外短期投资决策　　D.对外长期投资决策

16.风险型投资决策常用的决策方法是（　　）。

A.小中取大法　　B.大中取小法

C.大中取大法　　D.概率分析法

17.某公司使用一套设备生产甲、乙两种产品，其中，生产甲产品每件需10机器小时，生产乙产品每件需8机器小时，甲、乙产品的单位贡献毛益均为25元/件，则（　　）。

A.生产甲产品有利　　B.生产乙产品有利

C.生产甲、乙产品都一样　　D.难以判断优劣

18.某公司只生产一种产品，其正常售价为20元/件，单位变动成本为10元/件，单位固定成本为8元/件，现有一批2 000件该产品的追加订货，其专属固定成本为4 000元，则接受该批订货的最低价格为（　　）元/件。

A.10　　B.18

C.12　　D.20

19.设某企业需要甲零件，若外购为10元/件，若自制，单位变动成本为6元/件，且需要为此每年追加10 000元的专属成本，则外购与自制成本相同时的产量是（　　）件。

A.2 500　　B.3 000

C.2 000　　D.1 800

20.当确定A、B两种产品的最优生产批量时，运用图解法得到产品组合（x，y）的可行解区域里各个角点的坐标是（0，0），（0，60），（70，30），（50，0），贡献毛益S=3x+2y，则甲、乙产品生产数量的最优组合是（　　）。

A.（0，0）　　B.（0，60）

C.（70，30）　　D.（50，0）

21.某产品的单位成本为：直接材料12元/件，直接人工16元/件，变动制造费用10元/件，固定制造费用14元/件。在完全成本法下，成本加成率为10%，该产品的单位售价应定为（　　）元/件。

A.41.8　　B.57.2

C.98.8　　D.76

22.设某企业每年需要甲材料1 000千克，每千克储存成本为5元，每次订货成本为100元，则经济订货批量为（　　）千克。

A.5　　B.200

C.7　　D.141

23.订货成本与储存成本随着订货批量Q的增加，将会（　　）。

A.此减彼增　　B.同方向变动

C.互不影响　　D.以上都有可能

24.在经济订货量的基本模型中，如果当年的订货成本=储存成本，那么全年的相关总成本（　　）。

A.最大　　B.最小

C.等于0　　D.以上都有可能

（三）多项选择题

1.按投资决策条件肯定程度，可将投资决策分为（　　）。
A.对内短期投资决策　B.对内长期投资决策
C.确定型投资决策　D.风险型投资决策
E.不确定型投资决策

2.短期投资决策分析必须考虑的基本因素有（　　）。
A.相关收入　B.相关成本
C.通货膨胀价值　D.时间价值
E.风险价值

3.下列属于短期投资决策相关成本的有（　　）。
A.差别成本　B.机会成本
C.共同成本　D.付现成本
E.专属成本

4.下列属于短期投资决策无关成本的有（　　）。
A.可延缓成本　B.沉没成本
C.共同成本　D.可避免成本
E.边际成本

5.短期投资决策的内容主要包括（　　）。
A.固定资产投资决策　B.证券投资决策
C.生产决策　D.定价决策
E.存货决策

6.本量利分析的评价标准主要有（　　）。
A.收益最大　B.成本最低
C.贡献毛益最大　D.效率最大
E.产值最大

7.短期投资决策分析常用的方法有（　　）。
A.概率分析法　B.成本无差别点分析法
C.最优分析法　D.投入产出分析法
E.本量利分析法

8.生产决策内容主要包括（　　）。
A.生产品种决策　B.生产工艺决策
C.生产组织决策　D.生产数量决策
E.生产流程决策

9.不确定型投资决策的评价方法一般有（　　）。
A.小中取大法　B.大中取大法
C.折中决策法　D.小中取小法

E.大中取小法

10.存货储备总成本包括（　　）。

A.采购成本　　B.订货成本

C.储存成本　　D.清查成本

E.缺货成本

11.下列属于生产品种决策内容的有（　　）。

A.新产品开发的品种决策　　B.亏损产品是否停产的决策

C.零部件是自制还是外购的决策　　D.选用不同加工设备的决策

E.有关产品是否深加工的决策

12.下列属于生产组织决策内容的有（　　）。

A.新产品开发的品种决策　　B.亏损产品是否停产的决策

C.零部件是自制还是外购的决策　　D.选用加工设备的决策

E.设备出租或出售的决策

13.下列属于生产数量决策内容的有（　　）。

A.单一产品生产数量决策　　B.多品种产品生产数量决策

C.零部件是自制还是外购的决策　　D.选用不同加工设备的决策

E.最优生产批量的决策

14.在下列各项中，属于有关产品是否深加工决策可能需要考虑的相关成本有（　　）。

A.深加工成本　　B.机会成本

C.边际成本　　D.专属成本

E.半成品、联产品或副产品的成本

15.下列以“成本最低”为决策标准的有（　　）。

A.最优生产批量决策　　B.零部件是自制还是外购的决策

C.选用不同加工设备的决策　　D.单一产品生产数量决策

E.不确定型生产决策

16.下列以“收益最大”为决策标准的有（　　）。

A.最优生产批量决策　　B.零部件是自制还是外购的决策

C.选用不同加工设备的决策　　D.单一产品生产数量决策

E.不确定型生产决策

（四）判断题

1.决策就是从各种备选方案中选择最优方案的过程。　　（　　）

2.科学的决策就是其决策结果没有误差和错误的决策。　　（　　）

3.在若干个备选方案中，由于选取最满意方案而放弃次满意方案所丧失的潜在利益，就是实施最满意方案的机会成本。　　（　　）

4.在短期投资决策中，所有的固定成本都是沉没成本。　　（　　）

5.对于按完全成本法计算的亏损产品，都应该停止生产。（　　）

6.对于不确定型生产决策，都可以采用概率分析法进行决策。（　　）

7.不确定型生产决策中的小中取大法，又称乐观决策方法。（　　）

8.成本加成定价法的实质是：产品单价=总成本下的单位产品成本+单位产品目标利润。（　　）

9.在经济订货量的基本模型中，订货成本与储存成本相等时的业务量就是经济订货量。（　　）

10.在经济订货量的基本模型中，采购成本属于相关成本。（　　）

11.全年经济订货次数等于存货全年需要量除以经济订货量。（　　）

12.存货经济订货量就是使存货相关储备总成本最低时的进货批量。（　　）

（五）名词解释

1.确定型投资决策
2.风险型投资决策
3.不确定型投资决策
4.相关收入
5.无关收入
6.相关成本
7.无关成本
8.差别成本
9.边际成本
10.机会成本
11.付现成本
12.专属成本
13.生产决策
14.定价决策
15.存货决策

（六）简答题

1.短期投资决策分析常用的工具方法有哪些？

2.本量利分析法的评价标准有哪些？

3.建立经济订货量基本模型的假设条件有哪些？

（七）业务题

1.某企业现有设备生产能力30 000个机器工时，其利用率为80%，现准备利用剩余生产能力开发新产品A、B或C，三种产品的资料见表4-4。

表4-4　某企业A、B、C三种产品的资料

项目	A产品	B产品	C产品
单位产品定额（小时）	2	3	5
单位销售价格（元）	15	25	35
单位变动成本（元）	5	15	20

另外，生产C产品，需增加价值2 000元的设备，假设三种产品市场销售不受限制。

要求：试对开发哪种产品进行决策。

2.假设某工厂使用一台机器生产甲产品，也可以用其生产乙产品。若机器的最大生产能力为10 000小时，生产甲产品每件需100工时，生产乙产品每件需40工时，甲产品单位售价为2 000元/件，单位变动成本为1 200元/件，乙产品单位售价为1 200元/件，单位变动成本为800元/件，固定成本总额为20 000元。

要求：试对生产哪种产品作出决策。

3.某企业生产多种产品，其中丁产品2021年销售收入为8 000 000元，完全成本法下的主营业务成本为9 000 000元，丁产品变动成本率为80%，假定2022年销售收入、成本水平不变。

要求：就以下各不相关情况为企业作出有关该亏损产品的决策。

（1）如果2022年该亏损产品的有关生产能力无法转移，则2022年是否继续生产该产品？

（2）如果2022年该亏损产品的有关生产能力可对外承揽加工，预计可获得2 000 000元的收入，则2022年是否继续生产该产品？

（3）如果2022年该亏损产品的有关生产能力无法转移，并且还具备增产50%该亏损产品的生产能力，则2022年是应当增产、不增产也不减产，还是停产该产品？

4.某公司生产一种化工产品甲10 000千克，进一步加工可以生产高级化工产品乙。甲、乙两种产品在市场的售价分别是50元/千克和120元/千克，但乙产品的生产每年需追加固定成本20 000元，加工出1千克乙产品的加工成本为20元。若每一千克甲产品可以加工成0.6千克乙产品。

要求：试对甲产品是否加工成乙产品进行决策。

5.某企业生产甲、乙两种产品，有关资料见表4-5。

表4-5 某企业甲、乙两种产品的资料

项目	甲产品	乙产品
最大销售量（件）	2 500	2 000
A车间每件产品加工时间（小时/件）	10	4
B车间每件产品加工时间（小时/件）	4	8
单位售价（元/件）	30	20
单位变动成本（元/件）	20	12

A车间加工能力为30 000小时，B车间加工能力为24 000小时。

要求：采用图解法确定甲、乙产品的最优组合。

6.某企业每年需用某零件20 000件，原由金工车间加工，单位变动成本6元/件，固定成本30 000元，如果安排从外部采购，单价为8元/件，同时可将剩余生产能力用于加工K部件，可节约外购成本20 000元。

要求：作出自制还是外购零件的决策。

7.某企业需用的F配件既可以自制，又可以从市场上买到，售价为每件20元，每年自制F配件需增加专属成本30 000元，单位变动成本为14元/件。

要求：作出需求量在什么范围内F配件自制或外购的决策。

8.某厂生产A产品，其中零件下年需要18 000个，如外购，每个进价60元；如利用车间生产能力进行生产，每个零件的直接材料费30元，直接人工费20元，变动制造费用8元，固定制造费用6元，合计64元，该车间的设备不接受自制任务，也不做其他安排。

要求：试对零件自制还是外购进行决策。

9.假定上题中自制零件方案需增添专用设备两台，每台200 000元，使用期限5年，假定没有残值，按直线法进行折旧。

要求：根据这一变化，该厂零件是自制还是外购？

10.某汽车齿轮厂生产汽车齿轮，可用普通车床、万能车床或数控车床进行加工，有关资料见表4-6。

表4-6 某汽车齿轮厂相关生产资料 单位：元

成本项目	普通车床	万能车床	数控车床
单位变动成本	2.40	1.20	0.6
专属（固定）成本	900	1 800	3 600

要求：对采用哪种车床加工进行决策。

11.某企业准备开发新产品甲或乙，预测甲、乙产品的单价分别为1 200元/千克、1 500元/千克，单位变动成本分别为700元/千克、900元/千克，固定成本总额为2 000 000元，销售量是一随机变量，有关预测资料见表4-7。

表4-7 某企业有关预测资料

预计销售量（千克）	概率	
	甲产品	乙产品
1 000	0.1	0.25
1 200	0.3	0.4
1 300	0.5	0.3
1 500	0.1	0.05

要求：作出开发何种新产品的决策。

12.某厂为扩大甲产品的产量，经研究，针对三种可能的自然状态，拟订了三种不同的方案，对每个方案在三种自然状态下可能造成的损益，也作了初步估计，见表4-8。

表4-8　某厂三种方案的损益估计　单位：万元

扩大生产方案	自然状态		
	销路较好	销路一般	销路较差
方案A	100	80	-20
方案B	140	50	-40
方案C	60	30	10

要求：分别采用小中取大法、大中取小法和大中取大法分析哪种方案为最优方案。

13.光辉有限责任公司投资8 000 000元，每年销售A产品20 000件，单位产品成本资料如下：直接材料200元/件，直接人工180元/件，变动制造费用70元/件，固定制造费用50元/件。预计全年管理费用600 000元，其中，变动管理费用20 000元，固定管理费用580 000元；销售费用190 000元，其中，变动销售费用40 000元，固定销售费用150 000元。假设该公司的期望投资报酬率为20%。

要求：(1) 按完全成本加成定价法确定目标销售价格。

(2) 按变动成本加成定价法确定目标销售价格。

(3) 两种定价方法确定的销售价格是否相同，为什么？(加成率保留到小数点后4位)

14.嘉华有限责任公司生产甲、乙、丙、丁产品，丁产品由于严重亏损已停产，生产能力为4 000件的设备已闲置，现有一客户需要订货丁产品3 000件，每件只出价50元，丁产品单位变动生产成本资料如下：直接材料20元/件，直接人工10元/件，变动制造费用10元/件。固定制造费用总额为80 000元，管理费用、销售费用都是固定费用，总计为120 000元。丁产品正常售价为每件85元。

要求：试分析该公司应否接受该订货。

15.晓华有限责任公司生产A产品，最大生产能力为21 000台，正常订货量为20 000台，剩余生产能力可对外承揽加工，可得收入10 000元，该产品单价为150元/台，单位变动成本为100元/台，现有一客户以130元/台的单价追加订货2 000台，但因该批订货有特殊要求，接受该订货公司需投入20 000元购入一台新设备。

要求：(1) 是否应接受该批订货？

(2) 可接受的最低售价应为多少？

16.某公司年耗用乙材料6 000千克，单位采购成本为15元/千克，单位储存成本为9元/千克，平均每次进货费用为30元，假设该材料不存在缺货情况。

要求：(1) 计算经济进货批量。

(2) 计算相关最低总成本。

(3) 计算经济进货批量平均占用资金。

（4）计算年最佳进货批次。

17.某企业每年耗用甲材料720千克，该材料的单位采购成本为20元/千克，单位储存成本为4元/千克，平均每次进货费用为40元。

要求：试确定其经济进货批量及相关最低总成本，经济进货批量平均占用资金。

18.设某材料全年需求量为600件，订货费用为每次10元，单位储存成本为1.2元/件，与供应商洽谈，价格如下：

（1）销售0~199件，不予折扣，售价为每件6元。

（2）销售200~999件，按5%的折扣，售价为每件5.7元。

（3）销售1 000件以上，按10%的折扣，售价为每件5.4元。

要求：计算是否要考虑折扣优惠？采用哪一批量最佳？

19.某企业材料全年需求量为9 600千克，产品单位成本为每千克6元，一次生产准备费用为20元，产品单位储存成本为1.2元/千克，每日生产量为100千克，每日耗用量为50千克。

要求：（1）试计算最优生产批量及最优生产批次。

（2）计算相关最低总成本。

（3）如果不是边生产边领用，其经济批量应为多少？

20.某材料全年需要量为3 600件，单价为4元/件，一次订货成本为10元，单位储存成本为0.8元/件。

要求：（1）计算经济订货批量及相关总成本。

（2）计算最佳订货次数、最佳订货周期、经济订货量占用资金。

（3）全年按360天计算，若每天最大耗用量为12件，订货提前期为6天，计算安全储备量和再订货点。

（4）如果全年需求量为7 200件，其他条件不变，此时，经济订货量及相关最低总成本为多少？

21.某零件需用量为3 600件，一次订货成本为50元，年单位储存成本为4元/件，平均每一次交货时间为10天，为防止需求变化引起缺货损失，设安全储备量为100件。

要求：计算再订货点。

22.某企业的甲材料需要量为4 000千克，每千克标准价格为20元，销售企业规定：客户每批购买量不足1 000千克的，按标准价格计算；每批购买量在1 000千克（包括1 000千克）以上，2 000千克以下的，价格优惠2%；每批购买量在2 000千克以上（包括2 000千克）的，价格优惠3%。已知每批进货费用为60元，单位材料年储存成本为3元/千克。

要求：计算经济订货量。

23.将22题全年需求量改为49 000千克，其他不变。

要求：计算经济订货量。

24.将22题全年需求量改为144 000千克，其他不变。

要求：计算经济订货量。

五、练习题参考答案

（一）填空题

1.经营　决策

2.确定型投资决策　风险型投资决策

3.风险型投资决策　不确定型投资决策

4.相关收入　相关成本

5.生产决策　定价决策

6.收益最大　成本最低

7.差量分析法　相关分析法

（二）单项选择题

1.B　2.A　3.B　4.A　5.B　6.A　7.A　8.B　9.C　10.B　11.C　12.B　13.D　14.A　15.B　16.D　17.B　18.C　19.A　20.C　21.B　22.B　23.A　24.B

（三）多项选择题

1.CDE　2.AB　3.ABDE　4.BC　5.CDE　6.ABC　7.CE　8.ACD　9.ABCE　10.ABCE　11.ABE　12.CDE　13.ABE　14.ABD　15.ABC　16.DE

（四）判断题

1.×　2.×　3.√　4.×　5.×　6.×　7.×　8.√　9.√　10.×　11.√　12.√

（五）名词解释

1.确定型投资决策是指决策所涉及的备选方案的各项条件都是已知的，且一个方案只有一个明确的结果。

2.风险型投资决策是指决策所涉及的备选方案的各项条件虽然是已知的，但会表现出若干种变动趋势，每一个方案的执行都会出现两种或两种以上的不同结果，可以依据有关数据通过预测来确定其客观概率。

3.不确定型投资决策是指决策所涉及的各种备选方案的各项条件并不都是已知的，主要表现为决策者事先不知道决策可能出现几种结果，或者虽然知道决策的几种结果，但不知道出现各种结果客观概率的决策。

4.相关收入是指与特定决策方案相联系的、能对决策产生重大影响的、在短期经营决策中必须予以充分考虑的收入。

5.无关收入是指无论是否存在某决策方案，均会发生某项收入，该项收入就是上述方案的无关收入。

6.相关成本是指与特定决策方案相联系的，能对决策产生重大影响的，在短期经营决策中，必须予以充分考虑的成本，又称有关成本。

7.无关成本是指不受决策结果影响，与决策关系不大，已经发生或注定要发生的成本。

8.差别成本是指两个备选方案之间预期成本的差异数，又称差异成本、差量成本。除上述含义之外，对于单一决策方案，由于预期产量增加或减少所形成的成本差异也称为差量成本。

9.边际成本是指在假定成本为业务量函数的基础上，成本对业务量的导数，即成本的差量与业务量的差量之比，当业务量的差量无限变小时的极限。在现实经济活动中，边际成本的计量，就是业务量增减一个单位所引起的成本变动，因而，我们可以把边际成本看成是差别成本的特殊情形。

10.在决策过程中，从若干个备选方案中选取最满意方案而放弃另一个次满意方案所丧失的潜在利益，就构成实施最满意方案的机会成本。

11.付现成本是指那些由于未来某项决策所引起的需要在最近期间或将来支付现金的成本，其属于一种未来成本。

12.专属成本是指那些能够明确归属于特定决策方案的固定成本。

13.生产决策是指短期（如一年）内，在生产领域中，围绕是否生产、生产什么、怎样生产，以及生产多少等方面问题而展开的决策。

14.定价决策是指短期（如一年）内，在流通领域中，围绕如何确定销售产品价格水平的问题而展开的决策。

15.存货决策是指为确定存货既能满足生产需要，又能使其总成本最低的进货批量和进货时间而展开的决策。

（六）简答题

1.短期投资决策分析常用的工具方法有哪些?

答：短期投资决策分析经常采用的工具方法主要有本量利分析法和最优分析法。

（1）本量利分析法

本量利分析法是指在成本性态分析的基础上，通过数学模型，对变动成本、固定成本、业务量、单价和利润五因素进行综合分析，揭示它们之间的内在规律性联系，为管理会计预测、决策、规划、控制和考评提供支持的一种工具方法。

（2）最优分析法

最优分析法是指研究如何合理安排和分配有限的人力、物力、财力等资源，找出使资源充分发挥潜力，使价值标准最大化（如收益最大）或最小化（如成本最小）方案的方法。解决这类问题需要使用微积分中的最大最小值原理以及运筹学中的线性规划、动态规划等高等数学方法。使用最优分析法，并不需要事先设计一个或几个备选方案，而是通过分析过程来形成一个最优方案。

上述两种方法是在短期投资决策分析中常用的基本方法，除此之外，在不确定型投资决策分析中，还有大中取小法、小中取大法、大中取大法等。

2.本量利分析法的评价标准有哪些?

答：本量利分析法的评价标准主要有：

（1）营业利润最大（具体涉及某个方案就是净收益最大）

在单一方案投资决策中，净收益大于零，可行，否则不可行；在多个互斥可行的备选方案中，净收益最大的方案为最优方案。其中，净收益=相关收入–相关成本。

（2）贡献毛益最大（又称边际贡献最大）

在多个互斥可行备选方案中选优，当固定成本为无关成本时，从本量利基本公式可以看出，贡献毛益最大方案为最优方案，其实质也是净收益最大。由于“贡献毛益”又称“边际贡献”，因此，此法又称“边际分析法”。

（3）成本最低

在互斥可行备选方案中选优，对于多个互斥可行方案均不存在相关收入或相关收入相同时，从本量利基本公式可以得到结论：成本最低的方案为最优方案，其实质也是净收益最大。

3.建立经济订货量基本模型的假设条件有哪些？

答：建立经济订货量基本模型的假设条件有：

（1）全年需求量固定不变，且可预知为D，不存在数量折扣，即存货单价稳定不变，U为已知常量。

（2）当需要存货时，均能一次到货，而不是陆续到货。

（3）当需要存货时，均能马上到货，即交货期为0。

（4）存货的消耗是连续的、均匀的。

（5）不允许缺货现象发生，即无缺货成本。

（6）企业总能通过银行存款、短期借款，或商业信用等方式，保证采购业务正常进行。

（七）业务题

1.解：

A产品贡献毛益=（15–5）×［30 000×（1–80%）÷2］=30 000（元）

B产品贡献毛益=（25–15）×［30 000×（1–80%）÷3］=20 000（元）

C产品剩余贡献毛益=（35–20）×［30 000×（1–80%）÷5］–2 000

=16 000（元）

因A产品的贡献毛益最大（30 000元），故应生产A产品。

2.解：

生产甲产品贡献毛益=（2 000–1 200）×（10 000÷100）=80 000（元）

生产乙产品贡献毛益=（1 200–800）×（10 000÷40）=100 000（元）

因乙产品贡献毛益大于甲产品贡献毛益20 000元（100 000–80 000），故应生产乙产品。

3.解：

（1）丁产品贡献毛益=8 000 000×（1–80%）=1 600 000（元）

如果停产丁产品，将使企业减少1 600 000元利润或增加1 600 000元亏损。因此，不应停产丁产品。

（2）丁产品剩余贡献毛益=8 000 000×（1−80%）−2 000 000=−400 000（元）<0

因贡献毛益小于0，故应停产丁产品，将剩余生产能力对外承揽加工，比不停产丁产品增加400 000元利润或减少400 000元亏损。

（3）贡献毛益=8 000 000×（1+50%）×（1−80%）=2 400 000（元）

增产该亏损产品50%将比不增产也不减产多得800 000元（2 400 000−1 600 000）的贡献毛益，比停产该产品多得2 400 000元的贡献毛益，因此，应增产该亏损产品。

4.解：采用差量分析法计算见表4-9。

表4-9 某公司相关数据计算 单位：元

项目	深加工成产品乙	直接出售产品甲	差量
相关收入	120×10 000×0.6=720 000	50×10 000=500 000	220 000
相关成本	140 000	0	140 000
加工成本	20×10 000×0.6=120 000		
专属成本	20 000		
相关收益	580 000	500 000	80 000

继续加工成乙产品比直接出售甲产品多获利润80 000元，故将甲产品继续加工成乙产品对企业更为有利。

5.解：

（1）设甲产品生产数量为x，乙产品生产数量为y，贡献毛益总额为S，则：

目标函数：

$$S=10x+8y$$

约束条件：

$$\begin{cases} 10x+4y \leqslant 30\,000 \\ 4x+8y \leqslant 24\,000 \\ 0 \leqslant x \leqslant 2\,500 \\ 0 \leqslant y \leqslant 2\,000 \end{cases}$$

（2）根据目标函数和约束条件作图4-1。

求得的可行解区域为凸六边形OABCDE，在这个闭区域内，任何一组产量都满足全部约束条件。

（3）将目标函数S=10x+8y改写成：

$$y=\frac{S}{8}-\frac{5}{4}x$$

要使S最大，就是要在斜率为$-\frac{5}{4}$的直线中，找出一条与凸六边形相交且在y轴

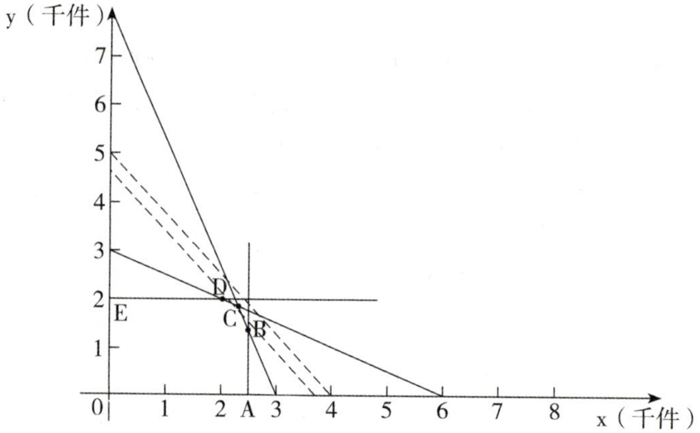

图 4-1　目标函数和约束条件

上截距 $\frac{S}{8}$ 最大的直线，即为距离原点最远的且经过凸六边形 OABCDE 上的一个角点，斜率为 $-\frac{5}{4}$ 的一条直线，此直线就是过 C 点的那条直线。

解方程组：

$$\begin{cases}10x+4y=30\ 000\\4x+8y=24\ 000\end{cases}$$

得 C 点坐标为（2 250，1 875）。

即生产甲产品 2 250 件，当生产乙产品 1 875 件时，贡献毛益最大，其值为：

MaxS=10×2 250+8×1 875=37 500（元）

所以，甲、乙产品的最优组合是生产甲产品 2 250 件，生产乙产品 1 875 件。

6.解：

自制相关成本=6×20 000+20 000=140 000（元）

外购相关成本=8×20 000=160 000（元）

因自制比外购节约 20 000 元（160 000-140 000），故应自制。

7.解：

自制相关总成本（y）=14x+30 000

外购相关总成本（y）=20x

解得：

成本无差别点（x_0）=5 000 件

当需要量大于 5 000 件时，应自制。

当需要量小于 5 000 件时，应外购。

当需要量等于 5 000 件时，自制、外购都一样。

8.解：

以成本最低为标准进行评价。

y（外购）=60×18 000=1 080 000（元）

y（自制）=（30+20+8）×18 000=1 044 000（元）

y（外购）=1 080 000元>y（自制）=1 044 000元

故应自制（固定制造费用是无关成本，故不予考虑）。

9.解：

以成本最低为标准进行评价。

y（外购）=60×18 000=1 080 000（元）

y（自制）=（30+20+8）×18 000+200 000÷5×2=1 124 000（元）

y（外购）=1 080 000元<y（自制）=1 124 000元

故此时应外购。

10.解：

设成本为y，加工数量为x，依题意有：

y（普通）=2.40x+900

y（万能）=1.20x+1 800

y（数控）=0.60x+3 600

（1）计算普通车床与万能车床的成本无差别点。

$x_1=\dfrac{1\,800-900}{2.4-1.2}$=750（单位）

（2）计算万能车床与数控车床的成本无差别点。

$x_2=\dfrac{3\,600-1800}{1.2-0.6}$=3 000（单位）

（3）计算普通车床与数控车床的成本无差别点。

$x_3=\dfrac{3\,600-900}{2.4-0.6}$=1 500（单位）

在平面直角坐标系下作图，如图4-2所示。

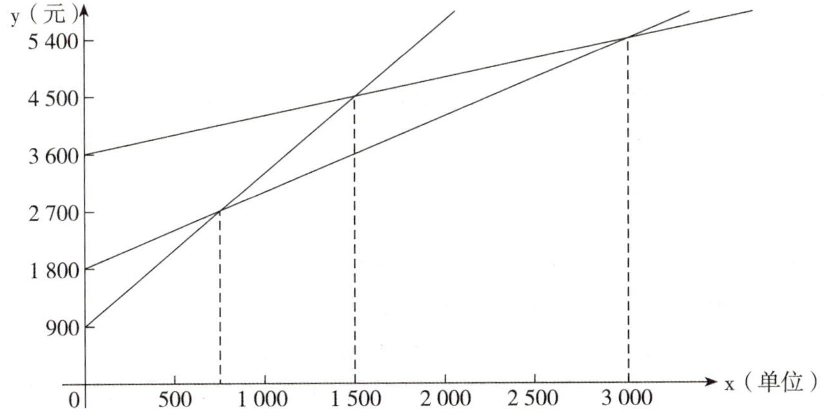

图4-2 某汽车齿轮厂机床生产成本图形

如图4-2可知，当需要量0<x<750时，用普通车床进行生产；

当750<x<3 000时，用万能车床进行生产；

当x>3 000时，用数控车床进行生产；

当x=750时，用普通车床和万能车床生产都一样；

当x=3 000时，用万能车床和数控车床生产都一样。

11.解：

甲产品期望销售量=1 000×0.1+1 200×0.3+1 300×0.5+1 500×0.1=1 260（千克）

乙产品期望销售量=1 000×0.25+1 200×0.4+1 300×0.3+1 500×0.05=1 195（千克）

甲产品贡献毛益=（1 200−700）×1 260=630 000（元）

乙产品贡献毛益=（1 500−900）×1 195=717 000（元）

因甲产品贡献毛益630 000元小于乙产品贡献毛益717 000元，故应开发乙产品。

12.解：

根据小中取大法、大中取小法和大中取大法的定义，计算见表4-10。

表4-10 最优方案计算

扩大生产方案	小中取大法	大中取小法	大中取大法
方案A	−20	40√	100
方案B	−40	50	140√
方案C	10√	80	60

从表4-10中可以看出，按小中取大法应选择方案C，按大中取小法应选择方案A，按大中取大法应选择方案B。

13.解：

（1）在完全成本法下：

单位产品成本=200+180+70+50=500（元/件）

加成率=（8 000 000×20%+600 000+190 000）÷（20 000×500）×100%=23.9%

A产品销售价格=500×（1+23.9%）=619.5（元/件）

（2）在变动成本法下：

单位变动成本=200+180+70+（20 000+40 000）÷20 000=453（元/件）

加成率=（8 000 000×20%+50×20 000+580 000+150 000）÷（20 000×453）×100%
=3 330 000÷9 060 000×100%=36.75%

A产品销售价格=453×（1+36.75%）=619.48（元/件）

（3）两种定价方法确定的销售价格是相同的，相差的0.02元/件（619.5−619.48），是在变动成本法下，加成率四舍五入所产生的误差。之所以相等，是因为成本加成定价法的实质是：

产品销售价格=总成本下的单位产品成本+单位产品目标利润

$$总成本下的单位产品成本=\frac{产品总成本+期间费用}{产量}=\frac{变动成本+固定成本}{产量}$$

即完全成本法和变动成本法，在总成本下的单位产品成本是相等的，单位产品目标利润又相同，故：

产品销售价格=总成本下的单位产品成本+单位产品目标利润

产品销售价格也必然相等。

14.解：

因闲置设备的生产能力是4 000件，不需添置设备就可以完成生产3 000件丁产品的订货。

贡献毛益=［50-（20+10+10）］×3 000=30 000（元）

也就是说，接受该订货会给公司增加30 000元的利润，因此，应接受该订货。

15.解：

（1）方法一：

因接受该批订货会使正常订货量减少1 000台。

减少的收益=（150-130）×1 000=20 000（元）

同时，对外加工收入10 000元构成接受追加订货的机会成本。

接受该批追加订货的剩余贡献毛益=（130-100）×1 000-［（150-130）×1 000+20 000+10 000］

=-20 000（元）

故不能接受该批追加订货，接受该批追加订货将使公司减少利润20 000元。

方法二：

利用相关分析法计算如下：

接受订货剩余贡献毛益=（150-100）×19 000+（130-100）×2 000-20 000-10 000

=980 000（元）

不接受订货贡献毛益=（150-100）×20 000=1 000 000（元）

不接受订货将比接受订货多得20 000元（1 000 000-980 000）的利润，故不能接受该批追加订货。

（2）设可接受的最低价格为P，由题意有：

（150-100）×20 000=（150-100）×19 000+（P-100）×2 000-20 000-10 000

解得：

P=140元/台

16.解：

（1）经济进货批量（Q^*）$=\sqrt{\frac{2\times 6\,000\times 30}{9}}$=200（件）

（2）相关最低总成本（T（Q^*））=200×9=1 800（元）

（3）经济进货批量平均占用资金=（200÷2）×15=1 500（元）

（4）年最佳进货批次（N^*）=$\frac{6\ 000}{200}$=30（次）

17.解：

$Q^*=\sqrt{\frac{2\times 720\times 40}{4}}$=120（千克）

相关最低总成本（T（Q^*））=120×4=480（元）

或 T（Q^*）=$\sqrt{2\times 720\times 40\times 4}$=480（元）

经济进货批量平均占用资金=120÷2×20=1 200（元）

18.解：

$Q^*=\sqrt{\frac{2\times 600\times 10}{1.2}}$=100（件）

不同区间的相关最低总成本依次为：

TC（100）=600×6+（600÷100）×10+（100÷2）×1.2=3 720（元）

TC（200）=600×5.7+（600÷200）×10+（200÷2）×1.2=3 570（元）

TC（1 000）=600×5.4+（600÷1 000）×10+（1 000÷2）×1.2=3 846（元）

故要考虑折扣优惠，当进货批量为200件时，相关总成本最低。

19.解：

（1）最优生产批量（Q^*）=$\sqrt{\frac{2\times 9\ 600\times 20}{1.2\times(1-\frac{50}{100})}}$=800（千克）

$N^*=\frac{9\ 600}{800}$=12（次）

（2）T（Q^*）=$\frac{2\times 9\ 600\times 20}{800}$=480（元）

（3）$Q^*=\sqrt{\frac{2\times 9\ 600\times 20}{1.2}}$=566（千克）

20.解：

（1）$Q^*=\sqrt{\frac{2\times 3\ 600\times 10}{0.8}}$=300（件）

T（Q^*）=0.8×300=240（元）

（2）$N^*=\frac{3\ 600}{300}$=12（次）

$t^*=\frac{12}{12}$=1（月）=30（天）

经济订货量占用资金=（300÷2）×4=600（元）

（3）安全储备量（B）=（12−$\frac{3\ 600}{360}$）×6=12（件）

再订货点（R）=12×6=72（件）

或　R=12+10×6=72（件）

（4）$Q^*=\sqrt{\frac{2\times 7\,200\times 10}{0.8}}$=424（件）

T（Q^*）=0.8×424=339.2（元）

21.解：

因再订货点（R）=L×d+B

故　R=10×$\frac{3\,600}{360}$+100=200（件）

或由：

$Q^*=\sqrt{\frac{2\times 3\,600\times 50}{4}}$=300（件）

$N^*=\frac{3\,600}{300}$=12（次）

间隔期=$\frac{360}{12}$=30（天）

每天平均耗用量=$\frac{300}{30}$=10（件）

R=10×10+100=200（件）

22.解：

$Q^*=\sqrt{\frac{2\times 4\,000\times 60}{3}}$=400（千克）<1 000千克

在区间［0，999］上，总成本T（400）最低。

T（400）=4 000×20+$\frac{4\,000}{400}$×60+$\frac{400}{2}$×3=81 200（元）

在区间［1 000，1 999］上，最低总成本为：

T（1 000）=20×（1-2%）×4 000+$\frac{4\,000}{1\,000}$×60+$\frac{1\,000}{2}$×3=80 140（元）

当x≥2 000时，最低总成本为：

T（2 000）=20×（1-3%）×4 000+$\frac{4\,000}{2\,000}$×60+$\frac{2\,000}{2}$×3=80 720（元）

min{T（400），T（1 000），T（2 000）}=T（1 000）=80 140（元）

所以，经济订货量为1 000千克。

23.解：

$Q^*=\sqrt{\frac{2\times 49\,000\times 60}{3}}$=1 400（千克）>1 000千克

故经济订货量=min{T（1 400），T（2 000）}

T（1 400）=20×（1-2%）×49 000+$\frac{49\,000}{1\,400}$×60+$\frac{1\,400}{2}$×3=964 600（元）

T（2 000）=20×（1-3%）×49 000+$\frac{49\,000}{2\,000}$×60+$\frac{2\,000}{2}$×3=955 070（元）

所以，经济订货量为2 000千克。

24.解：

$$Q^*=\sqrt{\frac{2\times 144\ 000\times 60}{3}}=2\ 400\text{（千克）}>2\ 000\text{千克}$$

经济订货量就是2 400千克。

第五章

投资决策分析（下）——对内长期投资决策

一、本章内容结构

- 投资决策分析（下）——对内长期投资决策
  - 长期投资决策分析概述（第一节）
    - 一、长期投资决策分析的含义
    - 二、与投资项目有关的几个基本概念
    - 三、长期投资决策分析评价指标的含义及分类
  - 影响长期投资决策分析的重要因素（第二节）
    - 一、折现率
      - 货币时间价值
      - 投资的风险价值
      - 通货膨胀与通货膨胀率
      - 折现率的确定
    - 二、项目计算期
    - 三、现金流量
  - 长期投资决策的静态评价指标（第三节）
    - 一、原始投资回收率
    - 二、投资报酬率
    - 三、静态投资回收期
  - 长期投资决策的动态评价指标（第四节）
    - 一、动态投资回收期
    - 二、净现值
    - 三、净现值率
    - 四、现值指数
    - 五、内部收益率
    - 六、年均净现值
    - 七、PP、NPV、NPVR、PI、IRR、UAV之间的关系
  - 长期投资决策分析的决策规则（第五节）
    - 一、单一方案投资决策分析
    - 二、互斥方案投资决策分析
    - 三、独立方案投资组合决策
  - 长期投资决策分析的进一步分析（第六节）
    - 一、折现率分析
    - 二、长期投资决策的敏感性分析
    - 三、长期投资决策分析需要注意的几个问题

二、学习目的与要求

（一）学习目的

运用长期投资决策的静态评价指标和动态评价指标，对单一方案是否可行、多

个互斥方案选优和独立可行方案组合进行决策。

（二）学习要求

掌握影响长期投资决策的重要因素、深刻理解长期投资决策的静态评价指标和动态评价指标的有关公式及其应用范围；熟练掌握对单一方案是否可行、互斥方案选优、独立可行方案组合所应用的评价指标。

三、本章重点与难点

（一）重点

1.影响长期投资决策的重要因素

- 折现率
  - 货币时间价值
  - 投资风险价值
  - 通货膨胀补偿价值
- 项目计算期
- 现金净流量

2.货币时间价值的计算公式

复利终值 $F=P(1+i)^n=P(F/P, i, n)$

复利现值 $P=\frac{F}{(1+i)^n}=F(P/F, i, n)$

普通年金终值 $F_A=A\frac{(1+i)^n-1}{i}=A(F/A, i, n)$

普通年金现值 $P_A=\frac{1-(1+i)^{-n}}{i}=A(P/A, i, n)$

即付年金终值 $F_A=A(F/A, i, n)(1+i)=A[(F/A, i, n+1)-1]$

即付年金现值 $P_A=A(P/A, i, n)(1+i)=A[(P/A, i, n-1)+1]$

递延年金现值 $P_A=A[(P/A, i, n)-(P/A, i, s)]$

$=A(P/A, i, n-s)(P/F, i, s)$

永续年金现值 $P_A=A\div i$

3.投资风险价值的计算公式

（1）计算期望报酬率（额）$\bar{E}=\sum_{i=1}^{n}x_iP_i$

（2）计算标准差 $\sigma=\sqrt{\sum_{i=1}^{n}(x_i-\bar{E})^2P_i}$

（3）计算变异系数 $V=\frac{\sigma}{\bar{E}}$

（4）计算风险价值 $r_r=\beta\cdot V$

β为风险报酬系数，即将风险V转化为风险价值的一种系数。β值是一个经验数据。

4.现金净流量的计算公式

（1）现金净流量的理论公式

$NCF_t=CI_t-CO_t$

（2）现金净流量的简算公式

①建设期现金净流量的计算

第t年现金净流量=-第t年原始投资

$NCF_t=-I_t$（第t年原始投资与第t年现金净流量绝对值相等，符号相反）

若为更新改造投资，NCF_0为旧设备的机会成本。

NCF_0=-［旧设备变现价值+（账面价值-变现价值）×所得税税率］

②经营期现金净流量的计算

A.经营现金净流量

NCF_t=营业收入-付现成本-所得税

=（营业收入-付现成本-折旧及摊销额）（1-所得税税率）+折旧及摊销

=（营业收入-总成本）（1-所得税税率）+折旧及摊销

=（营业收入-变动成本-固定成本）（1-所得税税率）+折旧及摊销

=收入（1-所得税税率）-付现成本（1-所得税税率）+折旧及摊销

=净利润+折旧及摊销

=税前利润（1-所得税税率）+折旧及摊销

B.终结点现金净流量

NCF_n=第n年经营现金净流量+回收营运资金+回收固定资产余值

5.静态评价指标的计算公式

（1）原始投资回收率

原始投资回收率是指投资项目在一个正常经营年度经营现金净流量或平均经营现金净流量$\overline{NCF}$与原始投资I的比率，其公式为：

原始投资回收率（k）$=\frac{\overline{NCF}}{I}\times 100\%$

式中，分子仅指经营现金净流量，不包括回收额，分母则只包括建设投资和营运资金投资，不包括建设期资本化利息。

（2）投资报酬率

①$ARR=\frac{\bar{\pi}}{I}\times 100\%$

式中，I为原始投资；$\bar{\pi}$为年均净利润，以下同。

②$ARR=\frac{\bar{\pi}}{\bar{I}}\times 100\%$

式中，$\bar{I}=\frac{I}{2}$。

（3）静态投资回收期

包括建设期的静态投资回收期：$PP=M+\frac{\left|\sum_{t=0}^{M}NCF_t\right|}{NCF_{M+1}}$

式中，M为使$\sum_{t=0}^{M}NCF_t\leqslant 0$，$\sum_{t=0}^{M+1}NCF_t>0$的年数。

不包括建设期的静态投资回收期：PP′=PP-S

当经营期前Q年现金净流量相等（记为NCF）且满足Q·NCF≥I（I为原始投资总额）时，不包括建设期的静态投资回收期为：$PP'=\frac{I}{NCF}$

包括建设期的静态投资回收期为：PP=PP′+S

6.动态评价指标的计算公式

（1）动态投资回收期

①包括建设期的动态投资回收期

$$PP = M + \frac{\left|\sum_{t=0}^{M}\frac{NCF_t}{(1+r)^t}\right|}{\frac{NCF_{M+1}}{(1+r)^{M+1}}}$$

式中，M为使$\sum_{t=0}^{M}\frac{NCF_t}{(1+r)^t}\leqslant 0$，$\sum_{t=0}^{M+1}\frac{NCF_t}{(1+r)^t}>0$的年数。

②不包括建设期的动态投资回收期

PP′=PP-S（S为建设期）

（2）净现值

$$NPV = NCF_0 + \frac{NCF_1}{(1+r)} + \frac{NCF_2}{(1+r)^2} + \frac{NCF_3}{(1+r)^3} + \cdots + \frac{NCF_n}{(1+r)^n}$$

$$= \sum_{t=0}^{n}\frac{NCF_t}{(1+r)^t}$$

或 $$NPV = \sum_{t=s+1}^{n}\frac{NCF_t}{(1+r)^t} - \left|\sum_{t=0}^{s}\frac{NCF_t}{(1+r)^t}\right|$$

（3）净现值率

$$NPVR = \frac{NPV}{\left|\sum_{t=0}^{s}\frac{NCF_t}{(1+r)^t}\right|}$$

（4）现值指数

$$PI = \frac{\text{经营期各年现金净流量的现值合计}}{\text{原始投资的现值合计}}$$

$$PI=\frac{\sum_{t=s+1}^{n}\frac{NCF_t}{(1+r)^t}}{\left|\sum_{t=0}^{s}\frac{NCF_t}{(1+r)^t}\right|}$$

（5）内部收益率

将$\sum_{t=0}^{n}\frac{NCF_t}{(1+r)^t}=0$时的折现率r记为IRR，

或将$\sum_{t=s+1}^{n}\frac{NCF_t}{(1+r)^t}=\left|\sum_{t=0}^{s}\frac{NCF_t}{(1+r)^t}\right|$时的折现率r记为IRR。

（6）年均净现值

$$UAV=\frac{NPV}{(P/A,r,n)}$$

7.单一方案投资决策规则

（1）常规方案下的单一方案投资决策规则

①回收期PP（PP′）≤基准回收期

②原始投资回收率K≥基准收益率

③会计收益率ARR≥基准收益率

④净现值NPV≥0

⑤净现值率NPVR≥0

⑥现值指数PI≥1

⑦内部收益率IRR≥基准收益率

满足以上条件，方案可行；反之，方案不可行。

NPV、NPVR、PI、IRR的评价结果总是一致的。

当静态评价指标与动态评价指标不一致时，以动态评价指标为准。

（2）非常规方案下的单一方案投资决策规则

除了不能使用内部收益率指标进行评价外，其他评价指标均可使用。其评价标准与常规方案完全相同。

8.互斥方案选优的决策规则

假设有甲、乙两个互斥项目，$n_甲$、$n_乙$分别表示甲、乙项目的计算期，$\hat{P}_甲$、$\hat{P}_乙$分别表示甲、乙项目原始投资的现值，以净现值NPV和内部收益率IRR作为主要评价指标，以提高投资报酬率为基础的收益最大化为基本原则，给出决策规则如下：

（1）若$NPV_甲 \geq NPV_乙$，$IRR_甲 > IRR_乙$，且当投资效果与投资效率一致时，则选择甲项目。

（2）若$NPV_甲 \geq NPV_乙$，$IRR_甲 \leq IRR_乙$，且当投资效果与投资效率不一致时，则要结合项目原始投资和项目计算期，进行综合评价，具体分为以下4种情况：

①$\hat{P}_甲=\hat{P}_乙$，$n_甲=n_乙$，以NPV大者为优，选择甲项目，即：当原始投资现值相同、项目计算期也相同时，以“净现值”最大的方案为最优方案。

②$\hat{P}_甲=\hat{P}_乙$，$n_甲\neq n_乙$，以UAV大者为优，即：当原始投资现值相同、项目计算期不同时，以“年均净现值”大者为优。

③$\hat{P}_甲\neq\hat{P}_乙$，$n_甲=n_乙$。当原始投资现值不同、项目计算期相同时，以“剩余净现值”大者为优。具体分以下两种情况：

A.$\hat{P}_甲>\hat{P}_乙$，$n_甲=n_乙$，以甲项目剩余净现值 $NPV_甲-\sum_{t=1}^{n_甲}\frac{(\hat{P}_甲-\hat{P}_乙)\cdot K}{(1+r)^t}$ 与净现值 $NPV_乙$ 比较，大者为优。

式中，K为资本成本（通常以国库券利率、银行存款或借款利率表示）；r为行业折现率或投资者要求的最低报酬率。

B.$\hat{P}_甲<\hat{P}_乙$，$n_甲=n_乙$，选择甲项目。

④$\hat{P}_甲\neq\hat{P}_乙$，$n_甲\neq n_乙$，即：当原始投资现值不同、项目计算期也不同时，一般以“年均剩余净现值”大者为优，分以下四种情况：

A.$\hat{P}_甲>\hat{P}_乙$，$n_甲>n_乙$，以甲项目“年均剩余净现值”$\left[NPV_甲-\sum_{t=1}^{n_乙}\frac{(\hat{P}_甲-\hat{P}_乙)\cdot K}{(1+r)^t}-\sum_{t=n_乙+1}^{n_甲}\frac{\hat{P}_甲\cdot K}{(1+r)^t}\right]\div(P/A,r,n_甲)$ 与乙项目“年均净现值”$NPV_乙\div(P/A,r,n_乙)$ 比较，大者为优。

B.$\hat{P}_甲>\hat{P}_乙$，$n_甲<n_乙$，以甲项目“年均剩余净现值”$\left[NPV_甲-\sum_{t=1}^{n_甲}\frac{(\hat{P}_甲-\hat{P}_乙)\cdot K}{(1+r)^t}\right]\div(P/A,r,n_甲)$ 与乙项目“年均剩余净现值”$\left[NPV_乙-\sum_{t=n_甲+1}^{n_乙}\frac{\hat{P}_乙\cdot K}{(1+r)^t}\right]\div(P/A,r,n_乙)$ 比较，大者为优。

C.$\hat{P}_甲<\hat{P}_乙$，$n_甲>n_乙$，以甲项目“年均剩余净现值”$\left[NPV_甲-\sum_{t=n_乙+1}^{n_甲}\frac{\hat{P}_甲\cdot K}{(1+r)^t}\right]\div(P/A,r,n_甲)$ 与乙项目“年均剩余净现值”$\left[NPV_乙-\sum_{t=1}^{n_乙}\frac{(\hat{P}_乙-\hat{P}_甲)\cdot K}{(1+r)^t}\right]\div(P/A,r,n_乙)$ 比较，大者为优。

D.$\hat{P}_甲<\hat{P}_乙$，$n_甲<n_乙$，选择甲项目。

（二）难点

1.货币时间价值的计算。

2.净现金流量的计算。

3.动态评价指标的计算和应用。

四、练习题

（一）填空题

1.按是否考虑货币的时间价值，可将长期投资决策评价指标分为（　　）和（　　）。

2.按评价指标在长期投资决策中所处的地位不同，可将长期投资决策评价指标分为（　　）和（　　）。

3.影响长期投资决策的三大因素是：折现率、（　　）和（　　）。

4.折现率是由（　　）、（　　）和通货膨胀补偿价值共同决定的。

5.货币时间价值的计算有两种制度：一是（　　），二是（　　）。

6.我们将货币在一期或连续若干期的一段时期内的期初价值称为（　　），期末价值称为（　　）。

7.凡在每期期末发生的年金称为（　　），每期期初发生的年金称为（　　）。

8.差额净现值与差额内部收益率及（　　）的评价结果总是（　　）。

9.项目建设投资是使项目完全达到设计生产能力而进行的（　　）、（　　）和开办费等项投资的总和。

10.项目原始投资包括（　　）与（　　）两项内容。

11.项目总投资是指项目投资的总体规模，它等于（　　）与（　　）之和。

12.长期投资决策分析中的主要评价指标，通常指（　　）和（　　）两个指标。

13.现金流入内容中的回收额，包括回收（　　）和回收（　　）

（二）单项选择题

1.下列属于长期投资决策中的动态评价指标的是（　　）。

A.原始投资回收率　　B.会计收益率

C.净现值　　D.投资利润率

2.下列属于长期投资决策中的静态评价指标的是（　　）。

A.内部收益率　　B.年均净现值

C.净现值　　D.会计收益率

3.下列属于长期投资决策中的主要评价指标的是（　　）。

A.内部收益率　　B.年均净现值

C.会计收益率　　D.投资利润率

4.在全部自有资金投资假设下，不属于现金流出的是（　　）。

A.固定资产投资　　B.开办费

C.无形资产投资　　D.资本化借款利息

5.净现值是（　　）。

A.动态的绝对量正指标　　B.动态的绝对量反指标

C.动态的相对量正指标　　D.静态的相对量正指标

6.不会对内部收益率指标产生影响的因素是（　　）。

A.原始投资　　B.现金流量

C.项目计算期　　D.设定折现率

7.凡在每期期末发生的年金，称为（　　）。

A.普通年金　　B.即付年金

C.递延年金　　D.永续年金

8.下列属于动态的相对量正指标的是（　　）。

A.净现值　　B.会计收益率

C.原始投资回收率　　D.内部收益率

9.对折现率没有影响的因素是（　　）。

A.货币的时间价值　　B.投资的风险价值

C.项目计算期　　D.通货膨胀补偿价值

10.下列不属于原始投资的是（　　）。

A.垫支的流动资金　　B.开办费

C.无形资产投资　　D.资本化借款利息

11.内部收益率是（　　）。

A.动态的绝对量正指标　　B.动态的绝对量反指标

C.动态的相对量正指标　　D.静态的相对量正指标

12.年偿债基金是指（　　）。

A. $\frac{F_A}{(F/A,r_f,n)}$　　B. $\frac{P_A}{(P/A,r_f,n)}$

C. $\frac{F}{(F/P,r_f,n)}$　　D. $\frac{P}{(P/F,r_f,n)}$

13.能够从动态角度直接反映投资项目实际收益率水平的是（　　）。

A.净现值　　B.净现值率

C.内部收益率　　D.现值指数

14.下列说法正确的是（　　）。

A.复利终值系数与复利现值系数互为倒数

B.年金终值系数与年金现值系数互为倒数

C.递延年金有现值，无终值

D.永续年金既无现值，也无终值

15.甲、乙两方案的期望报酬率都是20%，甲方案的标准差是15%，乙方案的标准差是18%，则下列判断正确的是（　　）。

A.甲方案风险大　　B.乙方案风险大

C.甲、乙方案风险一样大　　D.无法比较

16.下列不属于建设投资的是（　　）。

A.固定资产投资　　B.无形资产投资

C.开办费　　D.垫支的流动资金

17.关于净现值，下列不正确的说法是：在项目计算期内，按行业基准收益率或其他设定的折现率计算的（　　）。

A.各年现金净流量现值的代数和

B.各年现金流入量现值之和减去各年现金流出量现值之和的差额

C.建设期各年现金净流量现值加上经营期各年现金净流量现值之和

D.经营期各年现金净流量现值之和加上原始投资

18.企业对某一投资项目进行评价，得到以下数据：当折现率为10%时，净现值为2.918万元；当折现率为12%时，净现值为-1.450万元。那么，该项目的内部收益率为（　　）。

A.11.9%　　B.11.3%

C.11%　　D.9.8%

19.某投资项目年营业收入为200万元，年付现成本为100万元，年折旧额为40万元，所得税税率为25%，则该方案年经营现金净流量为（　　）万元。

A.85　　B.115

C.45　　D.60

20.在项目投资决策中，实际报酬率是指（　　）。

A.资金时间价值

B.资金时间价值与风险报酬率之和

C.资金时间价值与通货膨胀补偿率之和

D.资金时间价值、风险报酬率与通货膨胀补偿率之和

21.凡在每期期初发生的年金，称为（　　）。

A.普通年金　　B.即付年金

C.递延年金　　D.永续年金

22.当某投资方案的净现值大于0时，内部收益率（　　）。

A.大于折现率　　B.小于折现率

C.等于折现率　　D.以上三种都有可能

23.当内部收益率大于给定的折现率时，现值指数（　　）。

A.大于1　　B.小于1

C.等于1　　D.有多种可能

24.在下列评价指标中，在一定范围内越小越好的指标是（　　）。

A.净现值　　B.现值指数

C.投资回收期　　D.内部收益率

25.当净现值为正数时，现值指数（　　）。

A.大于1　　B.小于1

C.等于1　　D.小于0

26.在其他因素不变的条件下提高折现率，则下列指标中，数值将会变小的是（　　）。

A.静态投资回收期　　B.会计收益率

C.内部收益率　　D.净现值

27.假设有甲、乙两个互斥项目，$NPV_{甲} \geq NPV_{乙}$，$IRR_{甲} < IRR_{乙}$，且项目计算期相同，原始投资的现值不同，则选优的标准是（　　）。

A.净现值最大　　B.剩余净现值最大

C.年均净现值最大　　D.年均剩余净现值最大

28.假设有甲、乙两个互斥项目，$NPV_{甲} \geq NPV_{乙}$，$IRR_{甲} < IRR_{乙}$，且项目计算期不同，原始投资的现值相同，则选优的标准是（　　）。

A.净现值最大　　B.剩余净现值最大

C.年均净现值最大　　D.年均剩余净现值最大

29.假设有甲、乙两个互斥项目，$NPV_{甲} \geq NPV_{乙}$，$IRR_{甲} < IRR_{乙}$，且项目计算期不同，原始投资的现值不同，则选优的标准是（　　）。

A.净现值最大　　B.剩余净现值最大

C.年均净现值最大　　D.年均剩余净现值最大

（三）多项选择题

1.长期投资的主要特点有（　　）。

A.时间长　　B.耗资多

C.风险大　　D.不可逆转性

E.分次投入，一次收回

2.下列属于长期投资决策静态评价指标的有（　　）。

A.原始投资回收率　　B.会计收益率

C.净现值　　D.净现值率

E.内部收益率

3.下列属于长期投资决策动态评价指标的有（　　）。

A.现值指数　　B.年均净现值

C.净现值　　D.净现值率

E.内部收益率

4.影响长期投资决策的重要因素包括（　　）。

A.现金净流量　　B.货币时间价值

C.投资风险价值　　D.通货膨胀补偿价值

E.项目计算期

5.对于给定的折现率i，若净现值>0，则必有（　　）。

A.内部收益率>i

B.内部收益率<i

C.现值指数>1

D.现值指数<1

E.经营期各年现金净流量的现值之和大于原始投资的现值

6.下列关于内部收益率的表述，正确的有（　　）。

A.它是确定投资项目本身达到的报酬率

B.它是投资者要求的最低报酬率

C.以它为折现率的净现值为0

D.以它为折现率的现值指数为1

E.它是使各年现金净流量的现值之和等于0时的折现率

7.若内部收益率等于给定的折现率，则必有（　　）。

A.净现值为0

B.净现值大于0

C.现值指数为0

D.现值指数为1

E.经营期现金净流量的现值等于原始投资的现值

8.在下列长期投资决策评价指标中，需要以已知的折现率作为计算依据的有（　　）。

A.净现值

B.现值指数

C.净现值率

D.原始投资回收率

E.会计收益率

9.当利用评价指标对常规方案下单一项目的可行性进行决策时，能够得出完全相同的结论的指标有（　　）。

A.净现值

B.净现值率

C.现值指数

D.内部收益率

E.会计收益率

10.当利用评价指标对常规方案下单一项目的可行性进行决策时，如果净现值率大于0，那么表明该方案（　　）。

A.净现值大于0

B.现值指数大于1

C.内部收益率大于折现率

D.具备财务可行性

E.静态投资回收期小于基准回收期

11.在进行常规互斥方案选优决策中，各个备选方案必须同时满足的前提条件有（　　）。

A.净现值≥0

B.现值指数≥1

C.内部收益率<基准收益率

D.静态投资回收期≤基准回收期

E.净现值率≥0

12.下列属于年金1元，折现率为i，期数为n的年金现值系数的是（　　）。

A. $\sum_{t=1}^{n}\frac{1}{(1+i)^{t}}$

B. $\sum_{t=1}^{n}\frac{1}{(1+i)^{t-1}}$

C. $\frac{1-(1+i)^{-n}}{i}$　　D.（P/A，i，n）

E. $\frac{1}{1+i}+\frac{1}{(1+i)^2}+\frac{1}{(1+i)^3}+\cdots+\frac{1}{(1+i)^n}$

13.下列属于年金1元，折现率为i，期数为n的年金终值系数的是（　　）。

A. $\sum_{t=1}^{n}(1+i)^t$　　B. $\sum_{t=1}^{n}(1+i)^{t-1}$

C. $\frac{(1+i)^n-1}{i}$　　D.（F/A，i，n）

E. $1+(1+i)^1+(1+i)^2+(1+i)^3+\cdots+(1+i)^{n-1}$

14.下列关于变异系数的说法，正确的有（　　）。

A.是衡量风险大小的一个指标　　B.是衡量风险价值大小的一个指标

C.变异系数越大，风险越大　　D.变异系数越小，风险越大

E.变异系数是一个相对数

15.下列属于对内投资的有（　　）。

A.购置存货　　B.购置股票

C.购置债券　　D.购置固定资产

E.购置无形资产

16.下列属于对外投资的有（　　）。

A.购置存货　　B.购置股票

C.购置债券　　D.购置固定资产

E.购置基金

17.确定现金流量的假设有（　　）。

A.财务可行性分析假设　　B.全部自有资金投资假设

C.时期指标假设　　D.时点指标假设

E.权责发生制假设

18.下列属于同一内容、不同叫法的有（　　）。

A.主要指标　　B.次要指标

C.动态指标　　D.贴现指标

E.考虑货币时间价值的指标

（四）判断题

1.经营期现金净流量就是经营现金净流量。（　　）

2.经营期现金净流量包括经营现金净流量和回收额。（　　）

3.回收额属于经营现金净流量。（　　）

4.回收额属于经营期现金净流量。（　　）

5.在全投资假设下，无论是经营期利息费用，还是计入固定资产原值的建设期资本化利息，都不属于现金流出量的内容。（　　）

6.永续年金只有现值，没有终值。（ ）

7.递延年金只有现值，没有终值。（ ）

8.内部收益率的大小与给定的折现率无关。（ ）

9.净现值大于0，必有内部收益率大于折现率，现值指数大于1。（ ）

10.会计收益率是投资项目在经营期年均现金净流量与原始投资额的比率。（ ）

11.在原始投资回收率的公式中，分子是指经营期现金净流量，包括回收额。（ ）

12.现值指数与净现值率之和等于1。（ ）

13.复利终值系数与复利现值系数之和等于1。（ ）

14.现金净流量是以权责发生制为基础进行计算的。（ ）

15.现金净流量是以收付实现制为基础进行计算的。（ ）

16.如果某期累计的现金净流量之和等于0，那么该期所对应的年数就是包括建设期的静态投资回收期。（ ）

17.货币的时间价值是指货币经过一定时间的投资后所增加的价值。（ ）

18.货币的时间价值是指在没有通货膨胀和风险的条件下的社会平均资本利润率。（ ）

19.因为在整个投资有效年限内，利润总计与现金流量是相等的，所以在投资决策中，重点研究利润和重点研究现金流量效果是一样的。（ ）

20.一个净现值较大的投资方案，其内含报酬率肯定大于折现率。（ ）

（五）名词解释

1.折现率

2.货币时间价值

3.年金

4.风险价值

5.经营现金净流量

6.经营期现金净流量

7.净现值

8.净现值率

9.现值指数

10.内部收益率

11.年均净现值

（六）简答题

1.长期投资有何特点？

2.试述长期投资决策的一般程序。

3.现金流入包括哪些具体内容？

4.现金流出包括哪些具体内容？

（七）业务题

1.某投资项目自第3年起，每年年末可取得投资收益50 000元。假设投资报酬率为10%。

要求：（1）10年后，共取得投资收益的价值为多少？

（2）其现在的价值为多少？

2.某人将200万元投资于A公司的优先股。假设今后每年可取得10%的股利，折现率为10%。

要求：计算优先股股利的现值。

3.某企业于2022年1月1日从中国银行取得8年期、年利率6%（单利计算）的长期借款8 000万元，用于项目投资，预计3年后投产。借款合同规定，项目建成后，即从第4年开始到第8年，每年年末要存入银行等额的款项。存款年利率为4%。借款到期后，存款本利和恰好等于借款本利和，则该企业每年存款金额应为多少？

4.老李拟购置一套三居室房屋，有两个方案可供选择：一是付现款，需80万元；二是分期付款，首付10万元，以后每年年末付款8万元，连付10年，资本成本5%。请问，选择哪一个方案对老李有利？

5.向阳有限责任公司拟投产一新产品，需要购置一套专用设备，价款900 000元，采用直线法计提折旧，预计使用5年，期满无残值。该产品预计销售单价为30元/件，单位变动成本为20元/件，每年不包括折旧费的固定成本为600 000元，所得税税率为25%，要求的最低报酬率为12%。若以净现值为评价标准，则年平均销售量至少达到多少，购置设备才可行？

6.已知某固定资产项目需要一次投入价款100万元。资金来源系银行借款，年利率为10%，建设期为1年，发生资本化利息10万元。该项固定资产可使用10年，按直线法计提折旧，期满有残值10万元。投产前，垫支流动资金15万元。投入使用后，可使经营期每年取得产品销售收入80万元，每年经营成本41.19万元。该企业所得税税率为25%。

要求：（1）计算各年现金净流量。

（2）计算静态投资回收期。

（3）若折现率为10%，计算净现值，并评价该项目是否可行。

7.某公司需购置一台设备，有两个方案，其经济寿命均为3年。有关现金净流量见表5-1。

表5-1　某公司A、B方案各年现金净流量　单位：元

年数	0	1	2	3
A方案	-100 000	43 000	43 000	43 000
B方案	-60 000	35 000	20 000	18 000

折现率为10%的有关系数见表5-2。

表5-2　折现率为10%的有关系数

年数	0	1	2	3
年金现值系数	1	0.909	1.736	2.487
复利现值系数	1	0.909	0.826	0.751

假定公司要求的必要报酬率为10%，试以净现值、现值指数为标准，就选择哪个方案进行决策。

8.某企业年初借款并一次性投资100万元，资本成本为10%，复利计息，两年完工并投产。预计该项目可用10年，期满有残值4万元，预计每年可获税后利润18.3万元。

要求：（1）计算项目计算期。

（2）计算各年现金净流量。

（3）计算净现值，并对该项目进行评价。

已知：（P/A，10%，2）=1.736

（P/A，10%，12）=6.814

（P/F，10%，2）=0.826

（P/F，10%，12）=0.319

9.某投资项目在建设起点一次性投入固定资产投资100万元，建设期为1年。第1年年末完工并投入流动资金30万元，建设期发生借款利息10万元。该项目寿命期5年。固定资产按直线法折旧，期满有净残值10万元。预计投产后每年可获净利润30万元。流动资金于终结点一次收回。

要求：（1）计算该项目的原始投资额。

（2）计算项目计算期各期的现金净流量。

（3）计算该项目的静态投资回收期。

（4）若折现率为10%，计算该项目的净现值。

已知：（P/A，10%，5）=3.791

（P/F，10%，1）=0.909

（P/F，10%，6）=0.564

10.假设有一个投资方案，原始投资为100万元，当年建成并投产。年现金净流量$NCF_{1\sim5}$每年15万元、$NCF_{6\sim10}$每年20万元，有效期限10年，期满无残值，行业收益率为10%。

要求：（1）计算原始投资回收率、会计收益率（分母取1/2）、静态投资回收期。

（2）计算动态投资回收期、净现值、净现值率、现值指数、内部收益率。

（3）评价该项目是否可行。

11.假设某公司拟购买一台自动化设备，价款120 000元。该设备可使用6年，期满有残值6 000元，每年可使企业获净利13 000元，同时按直线法折旧。该公司的资本成本为14%。

要求：（1）计算净现值。

（2）计算内部收益率。

（3）评价该方案是否可行。

12.某厂有台设备，购置成本为20万元，自然寿命为6年，年维护修理费及操作成本依次为2万元、3万元、3.5万元、4万元、4.5万元、6万元，不同年份报废时的净残值从第1年年末至第6年年末依次为10万元、9万元、8万元、7万元、6万元、4万元，企业的资本成本为10%，求最佳更新年限。

13.设某企业有一台设备，经济寿命为10年，原值为22 000元，已使用4年，报废时预计净残值为2 000元，目前变现价值为12 000元，年运行成本为8 000元。如果用30 000元购买一台新设备，年运行成本为6 000元，使用寿命为8年，8年后预计净残值为2 000元。新旧设备的产量及产品销售价格相同。企业按直线法计提折旧。企业的资本成本为10%，企业所得税税率为25%。以年均成本为评价标准，试对企业继续使用旧设备还是将其更新为新设备进行决策。

14.某企业在生产中需要一种设备。若企业自己购买，需支付设备价款120 000元。该设备预计可使用10年，预计净残值率为5%。若企业采用租赁的方式，每年将支付20 000元的租赁费用，租赁期10年。假设折现率为10%，所得税税率为25%。试采用净现值法作出购买还是租赁的决策。

15.某企业拟购建一项固定资产，需投资100万元，按直线法计提折旧，使用寿命10年。期末有10万元净残值，在建设起点一次投入借入资金100万元，建设期为1年，发生建设期资本化利息10万元，预计投产后每年可获净利10万元。

要求：(1) 计算各年现金净流量。

(2) 计算静态投资回收期。

(3) 假设折现率为10%，用净现值法评价该方案是否可行。

16.某企业考虑购置一台新设备来替换旧设备，以降低其生产成本。旧设备原值97 000元，账面净值57 000元，每年折旧额10 000元，估计还可使用5年。5年后，净残值为7 000元。若现在变卖该设备，可获40 000元。使用该设备，每年可获营业收入100 000元，经营成本为70 000元。购买新设备需投入130 000元，可使用5年，设备报废时的净残值为10 000元。使用新设备不会增加收入，但可使每年经营成本降低28 000元。所得税税率为25%。

要求：(1) 分别计算新旧设备的年现金净流量。

(2) 若折现率为10%，分别计算新旧设备的净现值。

(3) 分别计算新旧设备的内部收益率。

(4) 若银行存款年利率为5%，对是否应更新设备进行决策。

五、练习题参考答案

(一) 填空题

1.静态评价指标　动态评价指标　　2.主要指标　辅助指标

3.项目计算期　现金净流量　　4.货币时间价值　投资风险价值

5.单利制　复利制　　6.现值　终值

7.普通年金　即付年金
8.净现值　一致的
9.固定资产　无形资产
10.垫支的流动资金　建设投资
11.原始投资　建设期资本化借款利息
12.净现值　内部收益率
13.营运资金　固定资产余值

（二）单项选择题

1.C　2.D　3.A　4.D　5.A　6.D　7.A　8.D　9.C　10.D　11.C　12.A　13.C　14.A　15.B　16.D　17.D　18.B　19.A　20.B　21.B　22.A　23.A　24.C　25.A　26.D　27.B　28.C　29.D

（三）多项选择题

1.ABCD　2.AB　3.ABCDE　4.ABCDE　5.ACE　6.ACDE　7.ADE　8.ABC　9.ABCD　10.ABCD　11.ABE　12.ACDE　13.BCDE　14.ACE　15.ADE　16.BCE　17.ABD　18.CDE

（四）判断题

1.×　2.√　3.×　4.√　5.√　6.√　7.×　8.√　9.√　10.×　11.×　12.×　13.×　14.×　15.√　16.√　17.×　18.√　19.×　20.√

（五）名词解释

1.折现率是指投资者要求的最低报酬率、筹资者的资本成本。它是由货币时间价值、投资风险价值和通货膨胀补偿价值三项因素共同决定的。

2.货币时间价值是指在不考虑风险和通货膨胀的条件下，货币在周转使用中由于时间因素而形成的差额价值。

3.年金是指在一定时期内每隔相同时间（如一年）就发生相同数额的系列收入或支出的款项。

4.风险价值是指投资者因冒风险进行投资而要求的、超过货币时间价值及通货膨胀补偿价值的那部分通常按百分率计量的额外报酬，又称风险报酬率或风险补偿率。

5.经营现金净流量是指在经营期内，把没有回收额的现金净流量称为经营现金净流量。

6.经营期现金净流量是指在经营期内，经营现金净流量和回收额的统称。

7.净现值是指在项目计算期内，按行业基准收益率或其他设定折现率计算的各年现金净流量现值的代数和，也就是各年现金流入量现值之和减去各年现金流出量现值之和的差额，记为NPV。

8.净现值率是指投资项目的净现值与原始投资现值之比，记为NPVR。

9.现值指数又称获利指数、盈利指数，是指投产后按行业基准收益率或设定折现率计算的经营期各年现金净流量的现值合计与原始投资的现值合计之比，记为PI。

10.内部收益率又称内含报酬率、内部报酬率，是指当项目计算期内各年现金净流量的现值之和为0时的折现率，或者经营期各年现金净流量的现值之和等于原始投资现值之和时的折现率，记为IRR，即考虑时间价值的项目投资实际可望达到的（平均）收益率。

11.年均净现值又称等值年金，记为UAV，是指把投资项目各年现金净流量按设定折现率i折算为第0年现值，再除以n年的年金现值系数，换算为考虑时间价值的年平均现值，即年金。

（六）简答题

1.长期投资有何特点？

答：（1）时间长。长期投资的回收期都超过一年，有的甚至几十年，各投资方案的经济寿命也各不相同。

（2）耗资多。长期投资都需要较多的资金，需要专门进行筹资工作，而其效益往往要经历较长的时期才能全部实现，对企业资金结构和财务状况都有相当大的影响。

（3）风险大。由于未来收益的不确定，长期投资的风险非常大，一旦决策失误，就会对企业的财务状况和未来生存发展产生严重影响，甚至会导致企业破产，“一着不慎，全盘皆输”。

（4）不可逆转性。长期投资一旦完成，形成了企业的固定资产，因其变现能力差，不容易改变用途，所以有时打算将固定资产变现或改变用途，不是无法实现，就是代价太大。

2.试述长期投资决策的一般程序。

答：（1）投资项目的提出。

投资项目一般由生产、技术、财务等各方面有关人员组成的研究与开发部提出。

（2）投资项目的评价。

投资项目的评价主要包括项目的技术可行性评价，国民经济可行性评价和财务可行性评价。

（3）投资项目的决策。

根据项目评价结果，企业决策者要作出最后决策。

（4）投资项目的执行。

决定对某项目进行投资后，要进行项目预算，积极筹措资金，实施投资。

（5）投资项目的再评价。

在执行过程中，企业应时刻观察作出的决策是否合理正确。一旦出现新情况，就要随时根据变化作出新的评价。

3.现金流入包括哪些具体内容？

答：（1）营业收入。

（2）回收的固定资产余值。

（3）回收的营运资金。

（4）其他现金流入量。

4.现金流出包括哪些具体内容？

答：（1）建设投资。

（2）垫支营运资金。

（3）付现成本。

（4）各项税款。

（5）其他现金流出量。

（七）业务题

1.解：

（1）F_A=50 000×（F/A，10%，10−2）=50 000×11.436

=571 800（元）

或利用Excel表：=FV（10%，10−2，−50 000，0，0），返回结果为￥571 794.41。

（2）P_A=50 000×［（P/A，10%，10）−（P/A，10%，2）］

=50 000×（6.145−1.736）

=220 450（元）

或　P_A=50 000×（P/A，10%，8）（P/F，10%，2）=50 000×5.335×0.826

=220 335.5（元）

或　P_A=F_A×（P/F，10%，10）=571 800×0.386

=220 714.8（元）

或利用Excel表：=PV（10%，10，50 000，0，0）−PV（10%，2，50 000，0，0），返回结果为￥−220 451.50。

2.解：

$P_{优}$=200×10%÷10%=200（万元）

3.解：

设该企业每年存款额为x万元，由题意有：

8 000×（1+6%×8）=（F/A，4%，5）x

11 840=5.416x

x=2 186.12（万元）

或利用Excel表：=PMT（4%，5，0，8 000*（1+6%*8），0），返回结果：￥−2 185.99。

4.解：

法一：现购80万元。

分期付款现值=10+8×（P/A，5%，10）

=10+8×7.722

=71.776（万元）

或利用Excel表，分期付款现值：=-10+PV（5%，10，8，0，0），返回结果为￥-71.77。

分期付款现值71.776万元小于现购80万元，所以分期付款较合适。

法二：现购终值=80×（1+5%）^{10}=80×1.629

=130.32（万元）

分期付款的终值=10×（1+5%）^{10}+8×（F/A，5%，10）

=10×1.629+8×12.578

=116.914（万元）

分期付款的终值116.914万元小于现购终值130.32万元，所以分期付款较合适。

5.解：

设平均每年销量为x万件，

固定资产年折旧额=90÷5=18（万元）

NCF_0=-90万元

$NCF_{1\sim5}$=［（30-20）x-（60+18）］（1-25%）+18=7.5x-40.5

由题意得：

0=（7.5x-40.5）（P/A，12%，5）-90

即：

0=（7.5x-40.5）·3.605-90

解得：

x=8.7287（万件）

平均每年销量至少达到8.7287万件，该项目才可行。

6.解：

固定资产年折旧额=$\frac{(100+10)-10}{10}$=10（万元）

项目计算期n=1+10=11（年）

（1）NCF_0=-100万元

NCF_1=-15万元

$NCF_{2\sim10}$=（80-41.19-10）（1-25%）+10=31.6075（万元）

NCF_{11}=31.6075+10+15=56.6075（万元）

（2）不包括建设期的静态投资回收期

PP′=115÷31.6075=3.64（年）

包括建设期的静态投资回收期

PP=3.64+1=4.64（年）

（3）净现值NPV=$-100-\frac{15}{1+10\%}+\sum_{t=2}^{11}\frac{31.6075}{(1+10\%)^t}+\frac{25}{(1+10\%)^{11}}$

=-100-15×（P/F，10%，1）+31.6075×［（P/A，10%，11）-

（P/A，10%，1）］+25×（P/F，10%，11）

=-100-15×0.909+31.6075×（6.495-0.909）+25×0.351

=71.699（万元）

或 NPV=-100-15×（P/F，10%，1）+ 31.6075×（P/A，10%，10）

（P/F，10%，1）+25×（P/F，10%，11）

=71.6693（万元）

或利用 Excel 表：=NPV（10%，-15，31.6075 ，31.6075，31.6075，31.6075，31.6075，31.6075，31.6075，31.6075，31.6075 ，56.6075）-100，返回结果为￥71.68。

7. 解：

NPV_A=-100 000+43 000×2.487=6 941（元）

NPV_B=-60 000+35 000×0.909+20 000×0.826+18 000×0.751

=1 853（元）

或利用 Excel 表 NPV_B：=-100 000+NPV（10%，43 000，43 000，43 000），返回结果为：￥6 934.64。

Excel 表 NPV_A：=-60 000+NPV（10%，35 000，20 000，18 000），返回结果为：￥1 870.77。

PI_A=106 941÷100 000=1.0694

PI_B=61 853÷60 000=1.0309

因为 NPV_A >NPV_B、PI_A >PI_B，无论在效果上，还是在效率上，A 方案都优于 B 方案，所以应选择 A 方案。

8. 解：

年折旧额=［100×（1+10%）^{2}-4］÷10=11.7（万元）

（1）项目计算期 n=2+10=12（年）

（2）NCF_0=-100 万元

NCF_1=0

NCF_2=0

$NCF_{3\sim11}$=18.3+11.7=30（万元）

NCF_{12}=30+4=34（万元）

（3）$NPV = -100 + \sum_{t=3}^{12}\frac{30}{(1+10\%)^t} + \frac{4}{(1+10\%)^{12}}$

=-100+30×（6.814-1.736）+4×0.319

=53.616（万元）

或利用 Excel 表：=-100+NPV（10%，0，0，30，30，30，30，30，30，30，30，30，34），返回结果为￥53.62。

因为 NPV>0，所以该项目可行。

9.解：

年折旧额=（100+10−10）÷5=20（万元）

项目计算期 n=1+5=6（年）

（1）原始投资额=100+30=130（万元）

（2）NCF_0=−100万元

NCF_1=−30万元

$NCF_{2\sim5}$=30+20=50（万元）

NCF_6=50+30+10=90（万元）

（3）不包括建设期的投资回收期

PP′=130÷50=2.6（年）

包括建设期的投资回收期

PP=1+2.6=3.6（年）

（4）$NPV=-100-\frac{30}{(1+10\%)^1}+\sum_{t=2}^{6}\frac{50}{(1+10\%)^t}+\frac{40}{(1+10\%)^6}$

=−100−30×0.909+50×3.791×0.909+40×0.565

=67.63（万元）

或　NPV=−100−30×0.909+50×（4.355−0.909）+40×0.565

=67.63（万元）

或利用Excel表：=NPV（10%，−30，50，50，50，50，90）−100，返回结果为￥67.61。

10.解：

（1）①原始投资回收率 $K=\frac{(15\times5+20\times5)\div10}{100}=17.5\%$

②年折旧额=100÷10=10（万元）

第1—5年：年净利=15−10=5（万元）

第6—10年：年净利=20−10=10（万元）

会计收益率 $ARR=\frac{(5\times5+10\times5)\div10}{100\div2}=15\%$

③静态投资回收期

各年净现金流量及累计现金流量见表5-3。

表5-3　投资方案各年净现金流量及累计现金流量　单位：万元

年数	0	1	2	3	4	5	6	7
NCF_t	−100	15	15	15	15	15	20	20
$\sum NCF_t$	−100	−85	−70	−55	−40	−25	−5	15

静态投资回收期 $PP=6+\frac{|-5|}{20}=6.25$（年）

（2）①动态投资回收期（见表5-4）：

表5-4 投资方案动态投资回收期计算表 单位：万元

年数	0	1	2	3	4	5	6	7	8	9	10
NCF_t	-100	15	15	15	15	15	20	20	20	20	20
（P/F，10%，t）	1	0.909	0.826	0.751	0.683	0.621	0.565	0.513	0.467	0.424	0.386
NCF_t×（P/F，10%，t）	-100	13.635	12.39	11.265	10.245	9.315	11.3	10.26	9.34	8.48	7.72
$\sum NCF_t\times(P/F,10\%,t)$	-100	-86.365	-73.975	-62.71	-52.465	-43.15	-31.85	-21.59	-12.25	-3.77	3.95

$PP=9+\frac{|-3.77|}{7.72}=9.49$（年）

②净现值：

NPV=15×（P/A，10%，5）+20×（P/A，10%，5）×（P/F，10%，5）-100

=15×3.791+20×3.791×0.621-100

=3.949（万元）

或 NPV=15×（P/A，10%，5）+20×［（P/A，10%，10）-（P/A，10%，5）］-100

=15×3.791+20×（6.145-3.791）-100

=3.945（万元）

或利用Excel表：=NPV（10%，15，15，15，15，15，20，20，20，20，20）-100，返回结果为￥3.94。

③净现值率：

NPVR=3.949÷100×100%=3.95%

④现值指数：

PI=103.949÷100=1.0395

⑤内部收益率：

设 $NPV(r)=15\times\sum_{t=1}^{5}\frac{1}{(1+r)^t}+20\times\sum_{t=6}^{10}\frac{1}{(1+r)^r}-100$ 由②知，NPV（10%）=3.95万元。

NPV（12%）=15×（P/A，12%，5）+20×（P/A，12%，5）×（P/F，12%，5）-100

=15×3.605+20×3.605×0.567-100

=-5.04（万元）

$$\begin{array}{ll} r & NPV \\ \left.\begin{array}{l}\left.\begin{array}{l}10\% \\ IRR\end{array}\right\} \\ 12\%\end{array}\right\} & \left.\begin{array}{l}\left.\begin{array}{l}3.95 \\ 0\end{array}\right\} \\ -5.04\end{array}\right\} \end{array}$$

$IRR=10\%+\frac{3.95}{3.95+5.04}\times（12\%-10\%）=10.88\%$

或利用Excel计算（见表5-5）：

表5-5　　Excel计算表（一）

	A	B	C
1	期数	NCF	IRR
2	第0年	-100	
3	第1年	15	
4	第2年	15	
5	第3年	15	
6	第4年	15	
7	第5年	15	
8	第6年	20	
9	第7年	20	
10	第8年	20	
11	第9年	20	
12	第10年	20	11%

只需在单元格C12输入：=IRR（B2：B12），返回结果为11%，即为所求内部收益率IRR=11%。

（3）虽然有些辅助评价指标不支持该方案，但是主要评价指标NPV为3.95万元、内部收益率IRR为10.88%（IRR>10%）认为该方案是可行的，故该方案可行。

11.解：

年折旧额=（120 000-6 000）÷6=19 000（元）

NCF_0=-120 000元

$NCF_{1\sim5}$=19 000+13 000=32 000（元）

NCF_6=32 000+6 000=38 000（元）

（1）NPV=32 000×（P/A，14%，6）+6 000×（P/F，14%，6）-120 000

=32 000×3.889+6 000×0.456-120 000

=7 184（元）

或利用Excel表：=NPV（14%，32 000，32 000，32 000，32 000，32 000，38 000）-120 000，返回结果为￥7 170.88。

（2）NPV（r）=32 000×（P/A，r，6）+6 000×（P/F，r，6）-120 000

NPV（14%）=7 184元>0

NPV（16%）=32 000×（P/A，16%，6）+6 000×（P/F，16%，6）-120 000
=32 000×3.685+6 000×0.410-120 000
=380（元）

NPV（18%）=32 000×（P/A，18%，6）+6 000×（P/F，18%，6）-120 000
=32 000×3.498+6 000×0.370-120 000
=-5 844（元）<0

r	NPV
16%	380
IRR	0
18%	-5 844

$$IRR=16\%+\frac{380}{380+5\ 844}\times（18\%-16\%）$$

=16.12%

或利用Excel计算（见表5-6）：

表5-6 Excel计算表（二）

	A	B	C
1	期数	NCF	IRR
2	第0年	-120 000	
3	第1年	32 000	
4	第2年	32 000	
5	第3年	32 000	
6	第4年	32 000	
7	第5年	32 000	
8	第6年	38 000	16%

只需在单元格C8输入：=IRR（B2：B8），返回结果为16%，即为所求内部收益率IRR=16%。

（3）因为NPV为7 184元，大于0，IRR为16.12%，大于14%，所以无论从效果上还是从效率上看，该方案都可行。

12.解：

采用年均净现值法，假设经济寿命依次为1年、2年、3年、4年、5年、6年。

$$UAV_1=\frac{20-10(P/F,10\%,1)+2(P/F,10\%,1)}{(P/A,10\%,1)}$$

=14.0022（万元）

$$UAV_2=\frac{20-9\times0.826+1.818+3\times0.826}{(P/A,10\%,2)}$$

=9.7131（万元）

$$UAV_3=\frac{20-8\times0.751+4.296+3.5\times0.751}{(P/A,10\%,3)}$$

=8.4103（万元）

$$UAV_4=\frac{20-7\times0.683+6.9245+4\times0.683}{(P/A,10\%,4)}$$

=7.8472（万元）

$$UAV_5=\frac{20-6\times0.621+9.6565+4.5\times0.621}{(P/A,10\%,5)}$$

=7.5772（万元）

$$UAV_6=\frac{20-4\times0.564+12.451+6\times0.564}{(P/A,10\%,6)}$$

=7.7104（万元）

比较上述计算结果，年均使用成本最低的年限是5年，即最佳更新期为5年。

13.解：

由于新旧设备使用年限不同，因此，先计算年均成本。

旧设备年折旧额=（22 000−2 000）÷10=2 000（元）

账面价值=22 000−4×2 000=14 000（元）

第0年机会成本=12 000+（14 000−12 000）×0.25=12 500 （元）

$$UAC_{(旧设备)}=\frac{旧设备机会成本-残值现值-折旧抵税现值+税后付现成本现值}{年金现值系数}$$

$$=\frac{12\,500-2\,000(P/F,10\%,6)-2\,000\times25\%(P/A,10\%,6)+8\,000(1-25\%)(P/A,10\%,6)}{(P/A,10\%,6)}$$

$$=\frac{12\,500-1\,130-2\,177.5+26\,130}{4.355}$$

=8 110.79（元）

或利用Excel表：=（12 500+PV（10%，6，0，2 000，0）+PV（10%，6，500，0，0）−PV（10%，6，6 000，0，0））/−PV（10%，6，1，0，0），返回结果为￥8 102.06。

新设备年折旧额=（30 000−2 000）÷8=3 500（元）

$$UAC_{(新设备)}=\frac{30\,000-2\,000(P/F,10\%,8)-3\,500\times25\%(P/A,10\%,8)+6\,000(1-25\%)(P/A,10\%,8)}{(P/A,10\%,8)}$$

$$=\frac{30\,000-934-4\,668.125+24\,007.5}{5.335}$$

=9 073.17（元）

或利用Excel表：=（30 000+PV（10%，8，0，2 000，0）+PV（10%，8，875，0，0）-PV（10%，8，4 500，0，0））/-PV（10%，8，1，0，0），返回结果为￥9 081.82。

由以上计算可知，更新设备的年均成本9 073.17元，大于继续使用旧设备的年均成本8 110.79元，又因为旧设备的机会成本是12 500元，小于新设备的原始投资30 000元，也就是说，使用旧设备是用较小的投资、较小的年均成本取得和使用新设备一样的收入，故应继续使用旧设备。

14.解：

设营业收入为0。

$$NPV(外购)=-120\,000+\frac{120\,000\times(1-5\%)}{10}\times 25\%\times(P/A,10\%,10)+\frac{120\,000\times 5\%}{(1+10\%)^{10}}$$

$=-120\,000+11\,400\times0.25\times6.145+6\,000\times0.386$

$=-100\,170.75$（元）

NPV（租赁）$=-20\,000\times(1-25\%)(P/A,10\%,10)$

$=-20\,000\times0.75\times6.145$

$=-92\,175$（元）

由于租赁的净现值为-92 175元，大于外购的净现值-100 170.75元，故应采用租赁方式。

15.解：

（1）各年现金净流量

年折旧额=［（100+10）-10］÷10=10（万元）

项目计算期=1+10=11（年）

$NCF_0=-100$万元

$NCF_1=0$

$NCF_{2\sim10}=10+10=20$（万元）

$NCF_{11}=20+10=30$（万元）

（2）静态投资回收期

$PP'=100\div20=5$（年）

$PP=5+1=6$（年）

（3）净现值

$$NPV=-100+\sum_{t=2}^{11}\frac{20}{(1+10\%)^t}+\frac{10}{(1+10)^{11}}$$

$=-100+20[(P/A,10\%,11)-(P/A,10\%,1)]+10\times(P/F,10\%,11)$

$=-100+20\times(6.495-0.909)+10\times0.351$

$=15.23$（万元）

或 NPV=-100+20（P/A，10%，10）（P/F，10%，1）+10（P/F，10%，11）
=-100+20×6.145×0.909+10×0.351
=15.23（万元）

或利用Excel表：=NPV（10%，0，20，20，20，20，20，20，20，20，20，30）-100，返回结果为￥15.22。

虽然辅助评价指标静态投资回收期PP′和PP都没有小于项目计算期的一半，但主要评价指标净现值为15.23万元，大于0，所以以主要评价指标为标准，该方案是可行的。

16.解：

（1）旧设备各年现金净流量

NCF_0=-［40 000+（57 000-40 000）×25%］=-44 250（元）

$NCF_{1\text{-}4}$=（100 000-70 000-10 000）×（1-25%）+10 000=25 000（元）

NCF_5=25 000+7 000=32 000（元）

新设备各年现金净流量：

NCF_0=-130 000元

$NCF_{1\text{-}4}$=［100 000-（70 000-28 000）-24 000］×（1-25%）+24 000=49 500（元）

NCF_5=49 500+10 000=59 500（元）

（2）旧设备各年净现值

NPV=-44 250+25 000（P/A，10%，5）+7 000（P/F，10%，5）
=-44 250+25 000×3.791+7 000×0.621
=54 872（元）

或利用Excel表：=NPV（10%，25 000，25 000，25 000，25 000，32 000）-44 250，返回结果为￥54 866.12。

新设备各年净现值

NPV=-130 000+49 500（P/A，10%，5）+10 000（P/F，10%，5）
=-130 000+49 500×3.791+10 000×0.621
=63 864.5（元）

或利用Excel表：=NPV（10%，49 500，49 500，49 500，49 500，59 500）-130 000，返回结果为￥63 853.16。

（3）计算旧设备的内部收益率

NPV（50%）=-44 250+25 000×1.737+7 000×0.132=99（元）

NPV（55%）=-44 250+25 000×1.615+7 000×0.112=-3 091（元）

$$IRR=50\%+\frac{99}{99+3\ 091}\times(55\%-50\%)=50.2\%$$

或利用Excel计算（见表5-7）：

表5-7　Excel计算表（三）

	A	B	C
1	期数	NCF	IRR
2	第0年	-42 250	
3	第1年	25 000	
4	第2年	25 000	
6	第3年	25 000	
6	第4年	25 000	
7	第5年	32 000	53%

只需在单元格C7输入：=IRR（B2：B7），返回结果为53%，即为所求内部收益率IRR=53%。

计算新设备的内部收益率：

NPV（25%）=-130 000+49 500×2.689+10 000×0.328=6 385.5（元）

NPV（30%）=-130 000+49 500×2.436+10 000×0.269=-6 728（元）

$$IRR=25\%+\frac{6\,385.5}{6\,385.5+6\,728}\times（30\%-25\%）=27.4\%$$

或利用Excel计算（见表5-8）：

表5-8　Excel计算表（四）

	A	B	C
1	期数	NCF	IRR
2	第0年	-130 000	
3	第1年	49 500	
4	第2年	49 500	
5	第3年	49 500	
6	第4年	49 500	
7	第5年	59 500	27%

只需在单元格C7输入：=IRR（B2：B7），返回结果为27%，即为所求内部收益率IRR=27%。

旧设备的净现值为54 872元，小于新设备的净现值63 864.5元；旧设备的内部收益率为50.2%，大于新设备的内部收益率27.4%。投资的效果与投资的效率发生了矛盾，因此还要进一步进行判断。由于，

$n_{旧}$=5年

$n_{新}$=5年

$p_{旧}$=44 250元

$p_{新}$=130 000元

$$新设备的剩余净现值 = 63\ 864.5 - \sum_{t=1}^{5}\frac{(130\ 000-44\ 250)\times 5\%}{(1+10\%)^t}$$

$$=63\ 864.5-4\ 287.5\times 3.791$$

$$=47\ 610.59（元）$$

新设备的剩余净现值为47 610.59元，小于旧设备的净现值54 872元，因此，不应该更新旧设备。

预算管理

第六章

一、本章内容结构

- 预算管理
  - 预算管理概述（第一节）
    - 一、预算及预算管理的概念
    - 二、预算管理的内容
    - 三、实施预算管理的应用环境
    - 四、预算管理的原则
    - 五、预算管理的环节
    - 六、预算管理的作用
  - 预算编制（第二节）
    - 一、预算编制的主体
    - 二、预算编制的起点
    - 三、预算编制的模式
    - 四、预算编制的工具方法
    - 五、预算编制举例
  - 预算协调、控制与考评（第三节）
    - 一、预算协调
    - 二、预算控制
    - 三、预算考评
    - 四、全面预算管理的否定——超越预算

二、学习目的与要求

（一）学习目的

利用预算编制的方法编制全面预算，掌握预算管理的环节和实施预算管理的应用环境，为实施全面预算管理打下基础。

（二）学习要求

了解预算管理的内容、原则、作用、编制起点和编制程序，掌握预算编制的工具方法，熟练地进行预算编制，熟悉全面预算管理。

三、本章重点与难点

（一）重点

1.预算编制的方法。

2.经营预算、财务预算和资本支出预算的编制。

（二）难点

财务预算的编制。

四、练习题

（一）填空题

1.预算管理包括（　　）、（　　）和资本支出预算。

2.财务预算是指与企业现金收支、（　　）和（　　）有关的各项预算。

3.销售预算是编制全面预算的（　　）和（　　）。

4.资本支出预算又称（　　）或（　　）。

5.全面预算以产能为起点，是指以企业的生产能力为基础，（　　）、（　　）进行全面预算的编制。

6.全面预算以销量为起点就是以销售量为起点，是指以销售预测的销售量或销售额为基础，（　　）、（　　）进行全面预算的编制。

7.销售预算主要列示分季度和全年的预计（　　）、销售单价和（　　）。

8.生产预算是根据（　　）编制的，列示分季度和全年的预计（　　）。

9.直接材料预算是根据（　　）编制的，列示分季度和全年的预计材料采购量和（　　）。

10.直接人工预算是根据（　　）编制的，列示分季度和全年的预计直接人工工时及其（　　）。

11.制造费用预算是指为完成生产预算所需的除（　　）和（　　）预算以外的生产费用的预算。

12.期末存货预算是指预算执行单位在预算期内根据（　　）和（　　）编制的，列示预算年度末材料存货、在产品存货和产成品存货的数量与成本。

13.现金预算主要是按照现金流量表中经营活动产生的现金净流量项目内容编制的反映预算期内一切现金（　　）及其（　　）的预算。

14.预计利润表是按照利润表的（　　）和（　　）编制的反映预算执行单位在预算期内利润目标的预算报表。

15.预计现金流量表是以现金的流入和流出来反映企业在预算期内的（　　）、（　　）和筹资活动的动态情况。

（二）单项选择题

1.在下列预算中，不属于经营预算的是（　　）。

A.销售预算　　B.销售与管理费用预算

C.现金预算　　D.期末存货预算

2.在下列预算中，不属于财务预算的是（　　）。

A.现金预算　　B.预计利润表

C.预计资产负债表　　D.资本支出预算

3.在下列预算中，属于经营预算的是（　　）。

A.现金预算　　B.预计利润表

C.销售预算　　D.资本支出预算

4.在下列预算中，属于财务预算的是（　　）。

A.销售预算　　B.销售与管理费用预算

C.预计资产负债表　　D.资本支出预算

5.不能作为全面预算编制起点的是（　　）。

A.成本　　B.产能

C.销量　　D.利润

6.编制全面预算的关键和起点是（　　）。

A.生产预算　　B.销售预算

C.产品成本预算　　D.财务预算

7.充分考虑到预算期内有关指标可能发生的变化，按照多种业务量水平编制的预算是（　　）。

A.零基预算　　B.增量预算

C.弹性预算　　D.滚动预算

8.在预算编制的工具方法中，静态预算是指（　　）。

A.固定预算　　B.增量预算

C.滚动预算　　D.零基预算

9.在下列预算编制的工具方法中，预算期可以跨越会计年度的是（　　）。

A.弹性预算　　B.增量预算

C.滚动预算　　D.零基预算

10.在预算编制的工具方法中，动态预算是指（　　）。

A.定期预算　　B.增量预算

C.固定预算　　D.弹性预算

11.在预算编制方法中，不属于定期预算的是（　　）。

A.弹性预算　　B.增量预算

C.滚动预算　　D.零基预算

12.在预算编制方法中，按照预算期内一种业务量水平编制预算的是（　　）。

A.弹性预算　　B.增量预算

C.固定预算　　D.零基预算

13.生产预算的编制依据是（　　）。

A.资本支出预算　　B.产品成本预算

C.现金预算　　D.销售预算

14.某企业第二季度预计的销售量为1 400件，期初存货为140件，期末存货为180件，据此可确定第二季度的预计生产量为（　　）。

A.1 440件　　B.2 480件

C.1 360件　　D.1 080件

15.能够同时以实物量指标和价值量指标分别反映企业经营收入和相关现金收入的预算是（　　）。

A.现金预算　　B.销售预算

C.生产预算　　D.预计资产负债表

16.直接材料预算的编制基础是（　　）。

A.现金预算　　B.销售预算

C.生产预算　　D.预计资产负债表

17.直接人工预算的编制基础是（　　）。

A.现金预算　　B.销售预算

C.生产预算　　D.预计资产负债表

18.在下列预算中，不涉及货币金额，只涉及实物量的是（　　）。

A.直接材料预算　　B.销售预算

C.生产预算　　D.期末存货预算

19.与生产预算没有直接联系的预算是（　　）。

A.直接材料预算　　B.直接人工预算

C.制造费用预算　　D.销售与管理费用预算

20.在下列预算中，不必单独编制与之有关的现金收支预算的是（　　）。

A.直接材料预算　　B.销售预算

C.直接人工预算　　D.制造费用预算

21.当编制制造费用预算时，计算现金支出时应予剔除的项目是（　　）。

A.间接材料　　B.间接人工

C.折旧费　　D.管理人员工资

22.企业以预算为标准，通过预算分解、过程监督、差异分析等促使日常经营不偏离预算标准的管理活动是（　　）

A.预算控制　　B.预算协调

C.预算考评　　D.预算组织

（三）多项选择题

1.预算管理的内容包括（　　）。

A.经营预算　　B.财务预算

C.基建预算　　D.对外投资预算

E.资本支出预算

2.预算管理的原则包括（　　）。

A.战略导向原则　　B.过程控制原则

C.融合性原则　　D.平衡管理原则

E.权变性原则

3.预算管理的环节包括（　　）。

A.预算组织　B.预算编制

C.预算协调　D.预算控制

E.预算考评

4.预算管理的作用主要表现在（　　）。

A.约束作用　B.协调作用

C.控制作用　D.引导作用

E.标杆作用

5.全面预算的编制起点有（　　）。

A.产值　B.销量

C.产能　D.利润

E.成本

6.影响直接人工预算的因素有（　　）。

A.预计生产量　B.单位产品工时定额

C.小时工资率　D.预计销售量

E.预计采购量

7.影响销售预算的因素有（　　）。

A.预计生产量　B.单位产品成本

C.预计销售单价　D.预计销售量

E.预计采购量

8.在下列预算中，以生产预算为编制基础的有（　　）。

A.销售预算　B.直接材料预算

C.直接人工预算　D.变动制造费用预算

E.固定制造费用预算

9.在下列各项中，属于经营预算的有（　　）。

A.销售预算　B.生产预算

C.资本支出预算　D.现金预算

E.预计利润表

10.在下列各项中，属于经营预算的有（　　）。

A.直接材料预算　B.直接人工预算

C.制造费用预算　D.产品成本预算

E.期末存货预算

11.在下列各项中，属于财务预算的有（　　）。

A.预计现金流量表　B.预计资产负债表

C.资本支出预算　D.现金预算

E.预计利润表

12.在下列各项中，属于产品成本预算编制基础的有（　　）。

A.销售预算　　B.生产预算

C.直接材料预算　　D.直接人工预算

E.制造费用预算

13.在下列各项中，属于期末存货预算编制基础的有（　　）。

A.产品成本预算　　B.生产预算

C.直接材料预算　　D.直接人工预算

E.制造费用预算

14.现金预算是由下列部分组成的（　　）。

A.现金收入　　B.现金支出

C.现金多余（不足）　　D.期末现金余额

E.资金分配

15.预算考评基本要求包括（　　）。

A.基本原则　　B.分离原则

C.可控原则　　D.建立健全预算考评制度

E.激励原则

（四）判断题

1.财务预算就是现金预算。（　　）

2.生产预算是编制全面预算的关键和起点。（　　）

3.为了编制现金预算，在编制销售预算的同时，还要编制与销售收入有关的预计现金收入预算。（　　）

4.销售预算是以生产预算为依据编制的。（　　）

5.生产预算是使用实物量和价值量为计量单位编制的预算。（　　）

6.编制生产预算时的预计生产量就是预计销售量。（　　）

7.产品成本预算要在生产预算、直接材料预算、直接人工预算和制造费用预算的基础上进行。（　　）

8.预计利润表是经营预算的一项重要内容。（　　）

9.编制全面预算必须以销量为起点。（　　）

10.固定预算就是定期预算，是以不变的会计期间作为预算期的一种预算编制方法。（　　）

11.预算管理是通过计划、协调、控制和考评四个环节来发挥其职能作用的。（　　）

12.预算管理的控制环节是预算的实际执行与操作阶段，也是预算管理的核心阶段。（　　）

13.预算考评是指对经济活动的实际结果按照预算指标进行考核和评价的过程。 ( )

14.经营预算又称业务预算。 ( )

15.销售预算是编制全面预算的关键和起点。 ( )

16.直接人工预算是以销售预算为基础编制的。 ( )

17.企业生产经营预算是在生产预测的基础上进行预算的。 ( )

18.生产预算是以实物量作为计量单位的预算。 ( )

19.弹性预算只是一种编制费用预算的工具方法。 ( )

20.预计财务报表的编制程序是先编制预计资产负债表，再编制预计利润表。 ( )

（五）名词解释

1.预算管理

2.经营预算

3.财务预算

4.资本支出预算

5.固定预算

6.弹性预算

7.增量预算

8.零基预算

9.定期预算

10.滚动预算

11.预算协调

12.预算控制

13.预算考评

（六）简答题

1.试述预算管理的应用环境。

2.试述预算管理的原则。

3.预算管理有何作用?

4.预算编制有哪些工具方法?

5.现金预算包括哪些具体内容?

（七）业务题

1.通过销售预测，某公司计划期间第一季度某产品各月份的销售量分别为2 000件、3 000件与3 600件；销售单价均为50元/件。若该公司商品销售货款的收回按以下办法处理：销售当月收款60%，次月收款30%，第三个月收款10%。又假定计划期间的期初应收账款余额为22 000元，其中包括上年度11月份销售的应收账款4 000元和12月份销售的应收账款18 000元。

要求：（1）计算该企业上年度11月份及12月份的销售总额各为多少?

（2）编制该公司计划期第一季度的分月销售预算（包括第一季度的经营现金收入预算表）。

2.A公司生产经营甲产品。在预算年度内，预计各季度销售量分别为1 900件、2 400件、2 600件和2 900件；销售单价均为50元/件。假定A公司在当前季度收到货款60%，其余部分在下季度收讫。年初的应收账款余额为42 000元。适用的增值税税率为13%。

要求：编制销售预算和经营现金收入预算。

3.某公司根据销售预测，对某产品2022年各季度的销售量作出了估计，见表6-1。

表6-1　某公司2022年各季度销售量预计表

项　目	第一季度	第二季度	第三季度	第四季度	合计
预计销售量（件）	1 000	1 500	2 000	1 500	6 000

设每季度末预计的产成品存货占下季度销售量的10%，年末预计的产成品盘存数为110件。各季度预计的期初存货即为上季度末预计的期末存货，年初预计存货数为100件。

要求：根据以上资料，编制该公司2022年的生产预算。

4.假定某公司2022年度各季度的预计生产量依次为1 050件、1 550件、1 950件、1 460件。单位产品的材料用量为2千克，每千克单价为5元。每季度末预计的材料存货占下季度生产需用量的20%，年末预计的材料存货为460千克。各季度预计的期初存货即为上季度末预计的期末存货。年初的存货为420千克（可以略去，年初存货=1 050×2×20%）。在季度采购中，假定其中的50%应于当期支付现金，其余的50%可于下季度支付现金。假定上年年末应付账款余额为6 000元。

要求：据上述资料，编制该公司2022年的直接材料预算和现金支出预算。

5.完成下列第三季度现金预算工作底稿和现金预算（见表6-2）。

表6-2　现金预算工作底稿和现金预算　单位：元

项　目	5月份	6月份	7月份	8月份	9月份	10月份
工作底稿						
销售收入	5 000	6 000	7 000	8 000	9 000	10 000
收账：						
销售当月（销售收入的20%）						
销售次月（销售收入的70%）						
销售再次月（销售收入的10%）						
收账合计：						
采购金额（下月销售的70%）						
购货付款（延后一个月）						
现金预算						
（1）期初余额			8 000			
（2）收账						

续表

项　目	5月份	6月份	7月份	8月份	9月份	10月份
（3）购货						
（4）工资			750	100	1 250	
（5）其他付现费用			100	200	700	
（6）预缴所得税					2 000	
（7）购置固定资产			8 000			
（8）现金多余或不足						
（9）向银行借款（1 000元的倍数）						
（10）偿还银行借款（1 000元的倍数）						
（11）支付借款利息（年利率12%）						
（12）期末现金余额（最低6 000元）						

6.将表6-3现金预算的空缺数据按其内在联系填补齐全。假设期末现金最低余额为5 000元，银行借款或还款以1 000元为单位，贷款年利率为10%。还款时，先还远期借款，后还近期借款，还本时付息。

表6-3　　现金预算　　单位：元

项　目	第一季度	第二季度	第三季度	第四季度	全　年
期初现金余额	8 000				
加：现金收入			96 000		321 000
可动用现金合计	68 000				
减：现金支出					
采购材料	35 000	45 000		35 000	
销售费用		30 000	30 000		113 000
购置设备	8 000	8 000	10 000		36 000
支付股利	2 000	2 000	2 000	2 000	
现金支出合计		85 000			
收支相抵现金多余（或不足）	（2 000）		11 000		
融通资金					
银行借款		15 000	—	—	
归还借款	—	—			
归还利息	—	—			
期末现金					

五、练习题参考答案

（一）填空题

1.经营预算　财务预算
2.经营成果　财务状况
3.关键　起点
4.专门决策预算　长期投资预算
5.以产定销　以产定利
6.以销定产　以销定利
7.销售量　销售收入
8.销售预算　生产量
9.生产预算　材料采购成本
10.生产预算　直接人工成本
11.直接材料　直接人工
12.直接材料预算　产品成本预算
13.收支　结果
14.内容　格式
15.经营活动　投资活动

（二）单项选择题

1.C　2.D　3.C　4.C　5.A　6.B　7.C　8.A　9.C　10.D　11.C　12.C　13.D　14.A　15.B　16.C　17.C　18.C　19.D　20.C　21.C　22.A

（三）多项选择题

1.ABE　2.ABCDE　3.BCDE　4.ABCE　5.BCD　6.ABC　7.CD　8.BCD　9.AB　10.ABCDE　11.ABDE　12.BCDE　13.AC　14.ABCD　15.ABCD

（四）判断题

1.×　2.×　3.√　4.×　5.×　6.×　7.√　8.×　9.×　10.×　11.√　12.√　13.√　14.√　15.√　16.×　17.×　18.√　19.×　20.×

（五）名词解释

1.预算管理是指企业以战略目标为导向，对未来一定期间内的经营活动和相应的财务结果，进行全面规划，科学、合理配置各种财务资源及非财务资源，按照预算编制、预算协调、预算控制、预算考评等程序，有效地组织企业生产经营活动，进而推动企业实现战略目标的管理活动。

2.经营预算又称业务预算，是指与企业日常业务直接相关，具有实质性的基本活动的预算，主要包括销售预算、生产预算、直接材料预算、直接人工预算、制造费用预算、产品成本预算、期末存货预算、销售与管理费用预算、其他支出预算。

3.财务预算是指与企业现金收支、经营成果和财务状况有关的各项预算，主要包括现金预算、预计利润表、预计资产负债表和预计现金流量表。

4.资本支出预算又称专门决策预算或长期投资预算，是指根据目标利润和长期销售预测以及由企业管理层作出的长期投资决策项目编制的，列示预算年度内投资项目、时间、投资额、预计使用年限、年折旧额及资本成本等的预算，主要包括企业固定资产的购置、更新等在投资项目可行性研究基础上所编制的预算。

5.固定预算又称静态预算，是按照预算期内一种业务量水平编制的预算。

6.弹性预算又称动态预算或变动预算，是在成本性态分析的基础上，依据本、量、利之间的关系，充分考虑预算期内有关指标可能发生的变化，按照多种业务量水平编制的预算。

7.增量预算是以基期收入、成本及费用水平为出发点，结合预算期业务量水平及增加收入、降低成本、费用的措施，调整有关收入、成本、费用项目而编制的预算。

8.零基预算又称零底预算，是指当编制预算时，对所有的预算支出均以零为基底，不考虑以往情况如何，从实际需要与可能出发，逐项审议各种费用开支的必要性、合理性，以确定各预算项目数额大小的一种预算编制方法。

9.定期预算是指当编制预算时，以不变的会计期间（一般以会计年度）作为预算期的一种预算编制的方法。

10.滚动预算又称永续预算或连续预算，是指在定期预算的基础上，每过去一个月，就根据新的情况调整和修订后几个月的预算，并在原来的预算期末补充一个月，使预算期始终保持为一年的预算。

11.预算协调就是对企业所有生产要素、所有部门及人员业务活动的适当调配和平衡，对经济利益分配的协商与调整。

12.预算控制是指企业以预算为标准，通过预算分解、过程监督、差异分析等促使日常经营不偏离预算标准的管理活动。

13.预算考评是指对经济活动的实际结果按照预算指标进行考核和评价的过程。

（六）简答题

1.试述预算管理的应用环境。

实施全面预算管理的应用环境，有以下6点：

（1）企业实施预算管理的基础环境包括战略目标、业务计划、组织架构、内部管理制度、信息系统等。

（2）企业应按照战略目标，确立预算管理的方向、重点和目标。

（3）企业应将战略目标和业务计划具体化、数量化作为预算目标，促进战略目标落地。

（4）企业可设置预算管理委员会等专门机构组织、监督预算管理工作。

（5）企业应建立健全预算管理制度、会计核算制度、定额标准制度、内部控制制度、内部审计制度、绩效考核和激励制度等内部管理制度，夯实预算管理的制度基础。

（6）企业应充分利用现代信息技术，规范预算管理流程，提高预算管理效率。

2.试述预算管理的原则。

（1）战略导向原则。预算管理应围绕企业的战略目标和业务计划有序开展，引导各预算责任主体聚焦战略、专注执行、达成绩效。

（2）过程控制原则。预算管理应通过及时监控、分析等把握预算目标的实现进度并实施有效评价，为企业经营决策提供有效支撑。

（3）融合性原则。预算管理应以业务为先导、以财务为协同，将预算管理嵌入企业经营管理活动的各个领域、层次、环节。

（4）平衡管理原则。预算管理应平衡长期目标与短期目标、整体利益与局部利益、收入与支出、结果与动因等关系，促进企业的可持续发展。

（5）权变性原则。预算管理应刚性与柔性相结合，强调预算对经营管理的刚性约束，又可根据内外环境的重大变化调整预算，并针对例外事项进行特殊处理。

3.预算管理有何作用？

答：（1）约束作用

在预算编制过程中，通过预算编制，将企业的总体目标分解、落实到各个部门，从而使各部门都明确自己的工作目标和任务，制定具体的行动规划和有效的实际措施，从而约束各个部门执行预算，以保证本部门工作目标的实现。

（2）协调作用

在预算协调过程中，企业通过预算编制，能够将各部门的日常工作全部纳入预定轨道，正确处理各部门的关系，协调各部门的工作，使之形成一个为共同完成企业总体经营目标的有机整体。

（3）控制作用

在预算控制过程中，预算编制为企业日常经营活动、财务收支业务，提供了一个控制尺度，各部门在自己的经营活动中，要经常将工作成果与预算进行对比，随时发现差异并分析查找原因，尽量使本部门的经营活动符合预算的要求，达到预算管理的控制作用。

（4）标杆作用

在预算考核过程中，预算指标是考核和评价各个部门经营业绩的主要标杆，是将业绩考评与奖惩制度连接起来的桥梁，预算指标就是评价企业经营业绩优劣的标准。正确地编制预算，能最大限度地调动各个部门及其人员的主观能动性、激活他们的各种潜能，充分发挥他们的聪明才智。

4.预算编制有哪些工具方法？

答：（1）固定预算；（2）弹性预算；（3）增量预算；（4）零基预算；（5）定期预算；（6）滚动预算；（7）概率预算。

5.现金预算包括哪些具体内容？

答：（1）现金收入

“现金收入”包括期初现金余额和预算期内预计发生的现金收入。期初现金余额是编制现金预算时预计的；预算期内发生的现金收入数来自销售预算的“预计现金收入”。

（2）现金支出

“现金支出”包括预算期内的各项现金支出，其相关数据来自直接材料预算、直接人工预算、制造费用预算、销售费用预算、管理费用预算、资本支出预算和其他收支预算。

（3）现金多余（不足）

“现金多余（不足）”列示“现金收入”与“现金支出”的差额。

（4）期末现金余额

“期末现金余额”是资金筹集或运用的最终结果，根据预算期现金收支的差额和企业有关资金管理的各项政策，确定筹集或运用资金的数额。“现金多余（或不足）”减去资金运用金额（或加上资金筹集金额），即为“期末现金余额”。

（七）业务题

1.解：

（1）设11月份的销售额为x，则有：

（1−90%）x=4 000

x=40 000（元）

设12月份的销售额为y，则有：

（1−60%）y=18 000

y=45 000（元）

（2）第一季度各月的销售预算和经营现金收入预算分别见表6-4和表6-5。

表6-4 某公司计划期第一季度销售预算

项　目	1月份	2月份	3月份	合　计
预计销售量（件）	2 000	3 000	3 600	8 600
销售单价（元/件）	50	50	50	50
预计销售收入（元）	100 000	150 000	180 000	430 000

表6-5 某公司计划期第一季度经营现金收入预算 单位：元

项　目	1月份	2月份	3月份	合　计
上年11月份应收账款收回额	4 000			4 000
上年12月份应收账款收回额	13 500	4 500		18 000
1月份销售收回额	60 000	30 000	10 000	100 000
2月份销售收回额		90 000	45 000	135 000
3月份销售收回额			108 000	108 000
预计现金收入合计	77 500	124 500	163 000	365 000

2.解：

依题意编制的A公司销售预算和经营现金收入预算分别见表6-6和表6-7。

表 6-6 A公司销售预算

项　目	第一季度	第二季度	第三季度	第四季度	全　年
预计销售量（件）	1 900	2 400	2 600	2 900	9 800
销售单价（元/件）	50	50	50	50	50
预计销售收入（元）	95 000	120 000	130 000	145 000	490 000

表 6-7 A公司经营现金收入预算 单位：元

项　目	第一季度	第二季度	第三季度	第四季度	全　年
预计销售收入	95 000	120 000	130 000	145 000	490 000
预计增值税销项税额	12 350	15 600	16 900	18 850	63 700
预计应收账款	107 350	135 600	146 900	163 850	553 700
收回上季度应收款项	42 000	42 940	54 240	58 760	—
收回本季度应收款项	64 410	81 360	88 140	98 310	—
预计经营现金收入	106 410	124 300	142 380	157 070	530 160

3.解：

该公司2022年度用数量表现的生产预算见表6-8。

表 6-8 某公司2022年各季度生产预算 单位：件

项　目	第一季度	第二季度	第三季度	第四季度	合计
预计销售量	1 000	1 500	2 000	1 500	6 000
加：预计期末存货	150	200	150	110	110
合计	1 150	1 700	2 150	1 610	6 110
减：预计期初存货	100	150	200	150	100
预计生产量	1 050	1 550	1 950	1 460	6 010

4.解：

该公司2022年度的直接材料预算见表6-9。

表6-9　　某公司2022年各季度直接材料预算

项　目	第一季度	第二季度	第三季度	第四季度	合　计
预计生产量（件）	1 050	1 550	1 950	1 460	6 010
单位产品材料用量（千克/件）	2	2	2	2	2
生产需用量（千克）	2 100	3 100	3 900	2 920	12 020
加：预计期末材料存货（千克）	620	780	584	460	460
合计	2 720	3 880	4 484	3 380	12 480
减：预计期初材料存货（千克）	420	620	780	584	420
预计材料采购量（千克）	2 300	3 260	3 704	2 796	12 060
单价（元/千克）	5	5	5	5	5
预计材料采购成本（元）	11 500	16 300	18 520	13 980	60 300

该公司2022年度的现金支出预算见表6-10。

表6-10　　某公司2022年各季度现金支出预算　　单位：元

项　目	第一季度	第二季度	第三季度	第四季度	合　计
期初应付账款	6 000				6 000
第一季度购料支出	5 750	5 750			11 500
第二季度购料支出		8 150	8 150		16 300
第三季度购料支出			9 260	9 260	18 520
第四季度购料支出				6 990	6 990
预期的现金支出合计	11 750	13 900	17 410	16 250	59 310

5.解：

现金预算工作底稿和现金预算见表6-11。

表6-11　　现金预算工作底稿和现金预算　　单位：元

项　目	5月份	6月份	7月份	8月份	9月份	10月份
工作底稿						
销售收入	5 000	6 000	7 000	8 000	9 000	10 000
收账：						
销售当月（销售收入的20%）			1 400	1 600	1 800	
销售次月（销售收入的70%）			4 200	4 900	5 600	

续表

项　目	5月份	6月份	7月份	8月份	9月份	10月份
销售再次月（销售收入的10%）			500	600	700	
收账合计：			6 100	7 100	8 100	
采购金额（下月销售收入的70%）		4 900	5 600	6 300	7 000	
购货付款（延后一个月）			4 900	5 600	6 300	
现金预算						
（1）期初余额			8 000	6 350	6 530	
（2）收账			6 100	7 100	8 100	
（3）购货			4 900	5 600	6 300	
（4）工资			750	100	1 250	
（5）其他付现费用			100	200	700	
（6）预缴所得税					2 000	
（7）购置固定资产			8 000			
（8）现金多余或不足			350	7 550	4 380	
（9）向银行借款（1 000元的倍数）			6 000		2 000	
（10）偿还银行借款（1 000元的倍数）				1 000		
（11）支付借款利息（年利率12%）				20		
（12）期末现金余额（最低6 000元）			6 350	6 530	6 380	

6.解：

现金预算见表6-12。

设第二季度的现金收入为x，则有：

$$\underbrace{5\,000}_{期初}+(\underbrace{x+15\,000}_{本期增加})-\underbrace{85\,000}_{本期减少}=\underbrace{5\,000}_{期末}$$

x=70 000元

第三季度归还利息=$5\,000\times10\%\times\frac{3}{4}$=375（元）（先还第一季度初的借款）

设第四季度的现金收入为y，则有：

y=321 000－（60 000+70 000+96 000）=95 000（元）

第四季度还款17 000元。

第四季度归还利息=$2\,000\times10\%+15\,000\times10\%\times\frac{3}{4}$=1 325（元）

表6-12 现金预算 单位：元

项 目	第一季度	第二季度	第三季度	第四季度	全 年
期初现金余额	8 000	5 000	5 000	5 625	8 000
加：现金收入	60 000	70 000	96 000	95 000	321 000
可动用现金合计	68 000	75 000	101 000	100 625	329 000
减：现金支出					
采购材料	35 000	45 000	48 000	35 000	163 000
销售费用	25 000	30 000	30 000	28 000	113 000
购置设备	8 000	8 000	10 000	10 000	36 000
支付股利	2 000	2 000	2 000	2 000	8 000
现金支出合计	70 000	85 000	90 000	75 000	320 000
收支相抵现金多余（或不足）	（2 000）	（10 000）	11 000	25 625	9 000
融通资金					
银行借款	7 000	15 000	—	—	22 000
归还借款	—	—	（5 000）	（17 000）	（22 000）
归还利息	—	—	（375）	（1 325）	（1 700）
期末现金	5 000	5 000	5 625	7 300	7 300

第七章

成本管理

一、本章内容结构

- 成本管理
  - 成本管理概述（第一节）
    - 一、成本管理的含义
    - 二、成本管理的主体
    - 三、成本管理的目标
    - 四、成本管理的原则
    - 五、成本管理的应用环境
    - 六、成本管理的应用程序
    - 七、成本管理的工具方法
  - 标准成本管理（第二节）
    - 一、单位产品标准成本的制定
    - 二、标准成本的控制
    - 三、标准成本管理的考评
  - 作业成本管理（第三节）
    - 一、作业成本管理概述
    - 二、作业成本管理的基本概念
    - 三、作业成本计算
    - 四、作业基础管理
    - 五、作业成本管理简例
  - 质量成本管理（第四节）
    - 一、质量、质量成本及其分类
    - 二、编制质量成本计划（预算或目标）
    - 三、质量成本控制
    - 四、质量成本管理的业绩考评
  - 战略成本管理（第五节）
    - 一、战略成本管理的概念及特点
    - 二、战略成本管理目标
    - 三、战略成本管理的控制
  - 产品寿命周期成本管理（第六节）
    - 一、目标成本管理
    - 二、持续改善成本管理
    - 三、废置成本管理
    - 四、环境成本管理

二、学习目的与要求

（一）学习目的

1.掌握标准成本的制定、标准成本的控制方法和对标准成本管理的考评。

2.掌握作业成本管理下产品成本的计算，并运用作业成本计算的信息进行作业成本管理。

3.运用质量成本的传统观和质量成本的现代观进行作业成本管理和作业成本考评。

4.掌握战略成本管理的特点、目标以及战略成本管理的方法。

5.运用产品寿命周期成本管理进行成本管理。

（二）学习要求

1.了解成本管理的含义、主体、对象、方法、目标和基本条件，掌握标准成本的制定、控制和考评。

2.熟悉作业成本管理的基本概念，掌握作业成本的计算和作业基础管理。

3.掌握质量成本的传统观和质量成本的现代观。

4.熟悉战略价值链分析、战略成本动因分析和竞争能力分析的内容。

5.熟悉目标成本管理、持续改善成本管理、废置成本管理的内容。

三、本章重点与难点

（一）重点

1.标准成本的差异分析。

2.作业成本计算、绘制流程和优化流程。

3.质量成本的传统观和质量成本的现代观。

4.战略价值链分析、战略成本动因分析和竞争能力分析。

5.目标成本管理、持续改善成本管理、废置成本管理。

（二）难点

1.标准成本的账务处理。

2.绘制流程和优化流程。

四、练习题

（一）填空题

1.单位产品下的某直接材料成本标准=（　　）×（　　）。

2.单位产品下的某直接人工成本标准=（　　）×（　　）。

3.单位产品下的变动制造费用成本标准=（　　）×（　　）。

4.单位产品下的固定制造费用成本标准=（　　）×（　　）。

5.直接材料、直接人工和变动制造费用的成本差异又分为（　　）和（　　）。

6.在固定制造费用成本差异的二因素分析法中，固定制造费用成本差异=固定制造费用（　　）+固定制造费用（　　）。

7.在固定制造费用成本差异的三因素分析法中，实际上是把二因素分析法中的能量差异又分解为（　　）和（　　）两部分。

8.在标准成本管理下成本差异的账务处理中，（　　）、（　　）和“主营业务成本”账户均按标准成本记账。

9.在标准成本管理下，成本差异的账务处理方法有（　　）和（　　）。

10.作业成本管理是指以作业为核心，以资源流动为线索，以成本动因为媒介，（　　）与（　　）相结合的全面成本管理制度。

11.作业成本计算与作业基础管理通过（　　）和（　　），从纵向和横向紧密地联系在一起。

12.作业基础管理的内容包括（　　）和（　　）两大部分。

13.作业流程优化就是通过优化作业链或（　　），达到优化（　　）的过程。

14.作业成本管理最大的贡献在于强调（　　）以及由此引起的（　　）。

15.质量包括两个方面：（　　）和（　　）。

16.通常将预防成本和鉴定成本统称为（　　），将内部损失成本和外部损失成本统称为（　　）。

17.质量成本按其实际是否支付，分为（　　）和（　　）。

18.确定最优质量水平的两种观点是：可接受质量水平的（　　）和零缺陷质量水平的（　　）。

19.战略成本动因包括（　　）成本动因和（　　）成本动因。

20.执行性成本动因按其成本分配对象可分为（　　）和（　　）。

21.目标成本=（　　）－（　　）。

（二）单项选择题

1.计算数量差异的基础是（　　）。

A.标准价格　　B.实际价格

C.标准成本　　D.实际成本

2.如果标准工时为80小时，实耗100小时，标准工资率为每小时5元，实际工资率为每小时3元，则人工效率差异为（　　）。

A.100元（有利差异）　　B.200元（有利差异）

C.100元（不利差异）　　D.200元（不利差异）

3.如果标准工时为80小时，实耗100小时，标准工资率为每小时5元，实际工资率为每小时3元，则人工工资率差异为（　　）。

A.有利差异100元　　B.有利差异200元

C.不利差异100元　　D.不利差异60元

4.某企业本期生产领用甲材料，实际用量为2 000千克，标准用量为1 900千克，实际单价为2.20元/千克，标准单价为2元/千克，则材料价格差异为（　　）。

A.有利差异400元　　B.不利差异400元

C.有利差异380元　　D.不利差异380元

5.某企业本期生产领用甲材料，实际用量为2 000千克，标准用量为1 900千克，实际单价为2.20元/千克，标准单价为2元/千克，则材料用量差异为（　　）。

A.有利差异380元　　B.不利差异400元

C.有利差异220元　　D.不利差异200元

6.在标准成本管理的实施过程中，属于事前控制的是（　　）。

A.标准成本的制定　　B.成本差异的计算

C.成本差异的分析　　D.成本差异的账务处理

7.某企业本年1月份实际生产100件A产品，实耗工时为2 100小时，变动制造费用实际分配率为0.48元/小时，标准分配率为0.50元/小时，直接人工标准为20小时，则变动制造费用的耗费差异为（　　）。

A.不利差异48元　　B.不利差异50元

C.有利差异42元　　D.有利差异40元

8.某企业本年1月份实际生产100件A产品，实耗工时为2 100小时，变动制造费用实际分配率为0.48元/小时，标准分配率为0.50元/小时，直接人工标准为20小时，则变动制造费用的效率差异为（　　）。

A.不利差异48元　　B.不利差异50元

C.有利差异42元　　D.有利差异40元

9.某企业本年3月份的有关预算资料如下：固定制造费用预算数4 000元，预计应完成的总工时2 000小时。预算执行的结果为：实际工时1 800小时，标准工时1 900小时。固定制造费用的效率差异为（　　）。

A.不利差异400元　　B.不利差异200元

C.有利差异400元　　D.有利差异200元

10.某企业本年3月份的有关预算资料如下：固定制造费用预算数4 000元，预计应完成的总工时2 000小时。预算执行的结果为：实际工时1 800小时，标准工时1 900小时。固定制造费用的能力差异为（　　）。

A.不利差异400元　　B.不利差异200元

C.有利差异400元　　D.有利差异200元

11.在下列各项中，能够反映作业与资源耗费之间因果关系的是（　　）。

A.资源动因　　B.作业动因

C.产品动因　　D.管理动因

12.在下列各项中，能够反映作业与成本对象之间因果关系的是（　　）。

A.资源动因　　B.作业动因

C.产品动因　　D.管理动因

13.作业成本计算（　　）。

A.使制造费用分配更加合理
B.解决了制造费用的控制问题
C.解决了管理费用的控制问题
D.解决了销售费用的控制问题

14.作业成本管理最大的贡献在于（　　）。

A.以作业为核心
B.使制造费用分配更加合理
C.强调成本动因以及由此引起的流程优化
D.产品成本计算更加准确

15.下列表述正确的是（　　）。

A.合格率+不合格率=1
B.合格率×不合格率=1
C.合格率与不合格率没有必然联系
D.合格率÷不合格率≥1

16.在下列各项中，表示每种产品质量水平的是（　　）。

A.与设计要求的一致程度
B.产出物与设计要求的偏离程度
C.产品功能
D.产品合格率

17.传统观下的最优质量成本是指（　　）。

A.质量控制成本等于质量损失成本的质量水平
B.合格率=100%
C.合格率=90%
D.合格率=80%

18.下列不属于外部损失成本的是（　　）。

A.返修损失
B.索赔损失
C.退还损失
D.保修费用

19.下列不属于迈克尔·波特竞争战略的是（　　）。

A.成本领先战略
B.别具一格战略
C.目标聚集战略
D.留住客户战略

20.下列不属于产品寿命周期成本管理的是（　　）。

A.标准成本管理
B.目标成本管理
C.持续改善成本管理
D.废置成本管理

（三）多项选择题

1.成本管理的原则包括（　　）。

A.融合性原则
B.适应性原则
C.成本效益原则
D.重要性原则
E.激励性原则

2.成本管理的应用程序包括（　　）。

A.事前管理
B.事中管理
C.事后管理
D.采购管理

E.生产管理

3.成本管理的事前管理一般包括（　　）。

A.成本预测　　B.成本决策

C.成本计划　　D.成本核算

E.成本考核

4.不属于成本管理的事中管理的是（　　）。

A.成本计划　　B.成本决策

C.成本控制　　D.成本核算

E.成本分析

5.成本管理的事后管理一般包括（　　）。

A.成本预测　　B.成本决策

C.成本核算　　D.成本分析

E.成本考核

6.按照三因素分析法，可将固定制造费用差异分为（　　）。

A.工时差异　　B.分配率差异

C.预算差异　　D.能力差异

E.效率差异

7.下列属于“用量”差异的有（　　）。

A.直接材料消耗量差异　　B.直接人工效率差异

C.直接人工工资率差异　　D.变动制造费用效率差异

E.变动制造费用耗费差异

8.下列属于“价格”差异的有（　　）。

A.固定制造费用能力差异　　B.直接人工效率差异

C.直接人工工资率差异　　D.变动制造费用效率差异

E.变动制造费用耗费差异

9.影响直接材料用量差异的因素有（　　）。

A.实际用量　　B.标准用量

C.实际价格　　D.标准价格

E.预计产量

10.影响直接材料价格差异的因素有（　　）。

A.实际用量　　B.标准用量

C.实际价格　　D.标准价格

E.预计产量

11.影响直接人工工资率差异的因素有（　　）。

A.实际工时　　B.标准工时

C.实际工资率　　D.标准工资率

E.预计产量

12.影响直接人工效率差异的因素有（　　）。

A.实际工时　　B.标准工时

C.实际工资率　　D.标准工资率

E.预计产量

13.影响变动制造费用效率差异的因素有（　　）。

A.实际工时　　B.标准工时

C.实际分配率　　D.标准分配率

E.预计产量

14.影响变动制造费用耗费差异的因素有（　　）。

A.实际工时　　B.标准工时

C.实际分配率　　D.标准分配率

E.预计产量

15.影响固定制造费用能力差异的因素有（　　）。

A.实际工时　　B.标准工时

C.实际分配率　　D.标准分配率

E.预算工时

16.影响固定制造费用预算差异的因素有（　　）。

A.实际工时　　B.标准工时

C.实际分配率　　D.标准分配率

E.预算工时

17.影响固定制造费用效率差异的因素有（　　）。

A.实际工时　　B.标准工时

C.实际分配率　　D.标准分配率

E.预算工时

18.标准成本管理的环节包括（　　）。

A.预测　　B.决策

C.计划　　D.控制

E.考评

19.在下列各项中，属于标准成本制度构成内容的有（　　）。

A.标准成本的制定　　B.标准成本的控制

C.标准成本的考评　　D.标准成本的预测

E.标准成本的决策

20.成本动因可以分为（　　）。

A.资源动因　　B.作业动因

C.产品动因　　D.需求动因

E.价格动因

21.作业成本计算把全部成本分为（　　）。

A.短期变动成本　　B.长期变动成本

C.固定成本　　D.作业成本

E.非作业成本

22.确定增值作业的标准包括（　　）。

A.顾客价值　　B.股东价值

C.业务价值　　D.使用价值

E.回收价值

23.在生产周期时间中，增加价值的时间有（　　）。

A.准备时间　　B.搬运时间

C.检验时间　　D.设计时间

E.加工时间

24.在生产周期时间中，不增加价值的时间有（　　）。

A.储存时间　　B.搬运时间

C.检验时间　　D.设计时间

E.准备时间

25.在下列各项中，属于优化流程的方法有（　　）。

A.剔除官僚主义　　B.增值评估

C.缩短生产周期时间　　D.全面改进

E.成本动因分析

26.质量成本按包括的内容可分为（　　）。

A.预防成本　　B.鉴定成本

C.保证成本　　D.内部损失成本

E.外部损失成本

27.在下列各项中，属于预防成本的有（　　）。

A.质量培训费　　B.质量奖励费

C.质量审核费　　D.质量改进措施费

E.进货检验费

28.在下列各项中，属于鉴定成本的有（　　）。

A.工序检验费　　B.产品检验费

C.进货检验费　　D.产品质量评级费

E.质量事故分析处理费

29.下列属于内部损失成本的有（　　）。

A.废品损失　　B.返修损失

C.质量事故损失　　D.质量降级损失

E.保修费用

30.战略成本管理与传统成本管理相比，主要区别在于（　　）。

A.目的不同　　B.过程不同

C.范围不同　　D.观念不同

E.侧重点不同

31.战略成本管理的方法主要有（　　）。

A.战略定位分析　　B.战略价值链分析

C.战略成本动因分析　　D.竞争能力分析

E.生产流程分析

32.战略价值链分析的内容主要包括（　　）。

A.企业价值分析　　B.企业内部价值链分析

C.产业价值链分析　　D.竞争对手价值链分析

E.企业未来发展能力分析

33.企业生产经营的主要活动一般包括（　　）。

A.存货供应　　B.产品生产

C.成品储运　　D.市场营销

E.售后服务

34.企业生产经营的辅助活动一般包括（　　）。

A.采购管理　　B.技术开发

C.人力资源管理　　D.基本职能管理

E.市场营销

（四）判断题

1.成本管理的目标是进行成本管理所希望实现的结果。（　　）

2.成本管理的最终结果是达到成本避免或成本降低。（　　）

3.狭义成本控制仅指对成本的事中控制。（　　）

4.直接工资的工资率差异属于用量差异。（　　）

5.直接工资的效率差异属于价格差异。（　　）

6.实际成本大于标准成本的差异称为有利差异。（　　）

7.实际成本小于标准成本的差异称为不利差异。（　　）

8.价格差异是指实际价格与标准价格的差乘以标准用量。（　　）

9.用量差异是指实际用量与标准用量的差乘以标准价格。（　　）

10.变动制造费用的价格差异又称效率差异。（　　）

11.变动制造费用的用量差异又称耗费差异。（　　）

12.标准成本账务处理中的直接处理法，就是将本期发生的各种差异全部计入当期损益的一种差异处理方法。（　　）

13.资源动因和作业动因统称为成本动因。（　　）

14. 作业基础管理包括流程优化和对流程当事人绩效考评两项基本内容。 ( )

15. 作业成本管理包括作业成本计算和作业基础管理两项基本内容。 ( )

16. 作业成本管理最大的贡献是改进制造费用的分配方法，使成本计算更合理。 ( )

17. 每种产品的质量水平，常常用该种产品的合格率或不合格率来表示。 ( )

18. 质量成本传统观下的最优质量水平不可能达到100%（合格率）。 ( )

19. 质量成本现代观下的最优质量水平是指合格率为100%。 ( )

20. 可接受的质量水平就是允许将合格品与不合格品一起销售出去。 ( )

21. 战略成本管理的目标是寻求降低成本的途径，以建立并保持企业的竞争优势。 ( )

（五）名词解释

1. 成本管理	2. 责任中心
3. 标准成本管理	4. 成本控制
5. 作业成本管理	6. 作业成本计算
7. 作业基础管理	8. 质量成本
9. 质量成本管理	10. 战略成本管理
11. 产品寿命周期	12. 目标成本管理
13. 持续改善成本管理	14. 约束理论

（六）简答题

1. 试述成本管理的应用环境。
2. 试述成本管理的应用程序。
3. 成本管理应用的工具方法主要包括哪些内容？
4. 试述标准成本管理的计划、控制、考评三个环节的具体体现。
5. 标准成本管理中有哪几个账户按标准成本记账？期末成本差异如何处理？
6. 试述优化流程的几种方法。
7. 质量成本按包括的具体内容可分为哪几类？试说出每一类的概念。
8. 战略成本管理与传统成本管理有何不同？

（七）业务题

1. 中盛公司生产甲产品需要使用一种直接材料A。本期生产甲产品1 000件，耗用A材料9 000千克。A材料的实际价格为每千克200元。假设A材料的标准价格为每千克210元，单位产品的标准用量为10千克。

要求：试计算材料价格差异、用量差异及总差异。

2. 中盛公司本期预算固定制造费用为5 000元，预算工时为2 000小时，实际耗用工时为1 400小时，实际固定制造费用为5 600元，标准工时为2 100小时。

要求：利用“三因素分析法”计算固定制造费用各种差异及总差异。

3.M产品本期预算产量为100台，每台标准工时为9小时，直接材料用量标准为10千克，直接材料价格标准为100元。本期固定制造费用预算为45 000元，本期实际产量为120台，每台实际工时为10小时，实际耗用材料1 250千克，直接材料成本为137 500元，实际发生固定制造费用42 000元。

要求：（1）计算材料价格差异、用量差异及总差异。

（2）利用“三因素分析法”计算固定制造费用各种差异及总差异。

4.A工厂是一个生产某种汽车零件的专业工厂，产品成本计算采用标准成本系统。有关资料如下：

（1）成本计算账户设置。

设置“产成品”“生产成本”等存货账户，均按标准成本计价。设置以下8个成本差异账户：“材料价格差异”“材料用量差异”“直接人工工资率差异”“直接人工效率差异”“变动制造费用效率差异”“变动制造费用耗费差异”“固定制造费用预算差异”“固定制造费用能量差异”。

（2）原材料于生产开始时一次投入，在产品直接材料成本约当产成品的系数为1；除直接材料外的其他费用陆续发生，其在产品约当产品的系数为0.5。成本差异采用“结转本期损益法”，在每月月末结转到“主营业务成本”账户。

（3）单位产品标准成本：

直接材料（10千克×3元/千克）	30元
直接人工（4小时×4元/小时）	16元
变动制造费用（4小时×1.5元/小时）	6元
固定制造费用（4小时×1元/小时）	4元
单位产品标准成本	56元

（4）本月生产及销售情况：

生产能力为11 000小时，月初在产品数量为600件。

本月产品投产数量为2 500件，本月产品完工入库数量为2 400件，月末在产品数量为700件。

（5）有关成本计算的业务数据：

本月购入原材料30 000千克，实际成本为88 500元（已用支票支付）；本月生产领用原材料25 500千克，实际耗用工时9 750小时，应付生产工人工资40 000元，实际发生变动制造费用15 000元，实际发生固定制造费用10 000元。

要求：编制以下业务的会计分录：

①购入原材料；②领用原材料；③将生产工人工资计入有关成本计算账户；④结转本期变动制造费用；⑤结转本期固定制造费用；⑥完工产品入库；⑦期末结转本期产品成本差异。

5.某公司资料见表7-1。

表7-1 某公司资料

标准成本		每 件
材料：3份	2元/份	6元
人工：2小时	3元/小时	6元
制造费用：		
固定制造费用2小时	2.5元/小时	5元（50 000÷10 000）
变动制造费用2小时	4元/小时	8元（80 000÷10 000）

实际生产成本：

材料：购进材料25 000份，每份价格为2.1元，生产使用材料计24 000份。

人工：实际人工17 000小时，每小时2.5元。

制造费用：变动制造费用69 000元，固定制造费用43 000元。

实际产量：9 000件。

要求：(1）计算材料成本总差异、价格差异、用量差异。

(2）计算人工成本总差异、效率差异、工资率差异。

(3）计算变动制造费用总差异、耗费差异、效率差异。

(4）计算固定制造费用总差异、预算差异、能力差异、效率差异。

6.已知制衣产业的价值链如图7-1所示。假设制衣产业存在A、B、C、D、E、F六个竞争者。

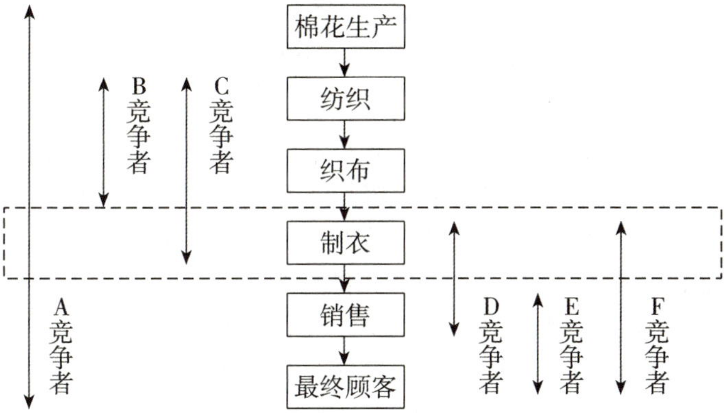

图7-1 制衣产业的价值链示意图

要求：对该产业的价值链进行分析，并探讨每个竞争者可能采取的竞争策略。

五、练习题参考答案

(一）填空题

1.价格标准 用量标准　　2.小时标准工资率 工时标准

3.变动制造费用标准分配率　工时标准　4.固定制造费用标准分配率　工时标准
5.价格差异　用量差异　6.预算差异　能量差异
7.固定制造费用能力差异　固定制造费用效率差异
8.“生产成本”　“库存商品”　9.直接处理法　递延法
10.作业成本计算　作业基础管理　11.成本分配观　流程分析观
12.作业流程优化　业绩考评　13.供应链　价值链
14.成本动因　流程优化　15.功能质量　符合质量
16.控制成本　损失成本　17.显性质量成本　隐性质量成本
18.传统观　现代观　19.结构性　执行性
20.资源动因　作业动因　21.目标价格　目标利润

（二）单项选择题

1.A　2.C　3.B　4.B　5.D　6.A　7.C　8.B　9.D　10.A　11.A　12.B　13.A　14.C　15.A　16.D　17.A　18.A　19.D　20.A

（三）多项选择题

1.ABCD　2.ABC　3.ABC　4.ABDE　5.CDE　6.CDE　7.ABD　8.CE　9.ABD　10.ACD　11.ACD　12.ABD　13.ABD　14.ACD　15.ADE　16.ACDE　17.ABD　18.CDE　19.ABC　20.AB　21.ABC　22.ABC　23.DE　24.ABCE　25.ABCDE　26.ABDE　27.ABCD　28.ABCD　29.ABCD　30.ABCDE　31.BCD　32.BCD　33.ABCDE　34.ABCD

（四）判断题

1.√　2.√　3.√　4.×　5.×　6.×　7.×　8.×　9.√　10.×　11.×　12.√　13.√　14.√　15.√　16.×　17.√　18.√　19.√　20.×　21.√

（五）名词解释

1.成本管理，是指企业在营运过程中实施成本预测、成本决策、成本计划、成本控制、成本核算、成本分析和成本考核等一系列管理活动的总称。

2.责任中心，是指根据其管理权限承担一定的经济责任，并能反映其经济责任履行情况的企业内部单位，它是责、权、利的结合。

3.标准成本管理，是指围绕标准成本的相关指标而设计的，将成本的事前控制、事中控制、事后控制及核算功能有机结合而形成的一种成本管理系统。

4.成本控制就是成本管理者根据成本计划（预算）或目标，对成本发生和形成过程以及影响成本的各种因素条件，采用一定的控制方法，施加主动影响或干预，把实际成本控制在预期目标内的成本管理活动。

5.作业成本管理是指以作业为核心，以资源流动为线索，以成本动因为媒介，作业成本计算与作业基础管理相结合的全面成本管理制度。

6.作业成本计算把成本通过作业最终分配至成本对象（即产品、服务和顾客），是一个以作业为基础的科学信息系统。

7.作业基础管理是以作业为基础的管理，是应用作业成本计算所提供的明细、动态信息进行作业流程优化和对流程当事人进行考评的一项成本管理活动。

8.质量成本是指为保证产品或服务满足符合质量标准所发生的全部费用以及达不到符合质量标准所发生的一切损失。

9.质量成本管理就是对控制成本和损失成本的管理。

10.战略成本管理是指从战略的角度，通过对企业、顾客和竞争对手的资料进行分析，采用一系列成本管理方法来研究影响成本的各个环节，以降低成本、建立并保持竞争优势为目标的一项成本管理活动。

11.产品寿命周期是指一种产品从最初的产品与工序设计，生产、营销与客户服务，到最后回收与处置的全部过程。

12.目标成本管理是指在产品与工序设计的过程中，采用拆卸重装分析、价值分析、工程再造等一系列方法降低成本，以实现目标成本的过程。

13.持续改善成本管理是指通过作业的小步优化来实现连续和逐渐改善，而不是通过大量投资产生大的激进式的改进。

14.约束理论是持续改善成本管理的一种方法，是指通过对系统的瓶颈或限制性资源的正确管理，寻求长期利润最大化的方法。

（六）简答题

1.试述成本管理的应用环境。

答：（1）企业应根据其内外部环境选择适合的成本管理工具方法。

（2）企业应建立健全成本管理的制度体系，一般包括费用审报制度、定额管理制度、责任成本制度等。

（3）企业应建立健全成本相关原始记录，加强和完善成本数据的收集、记录、传递、汇总和整理工作，以确保成本基础信息记录真实、完整。

（4）企业应加强存货的计量验收管理，建立存货的计量、验收、领退及清查制度。

（5）企业应充分利用现代信息技术，规范成本管理流程，提高成本管理的效率。

（6）企业应合理划分责任中心，明确规定权责范围，要按照分工明确、责任易辨、业绩便于考核和评价的原则，合理划分责任中心。

2.试述成本管理的应用程序。

答：（1）事前管理，主要是对未来的成本水平及其发展趋势所进行的预测与规划，一般包括成本预测、成本决策和成本计划等步骤。

（2）事中管理，主要是对在营运过程中发生的成本进行监督和控制，并根据实际情况对成本预算进行必要修正，即成本控制步骤。

（3）事后管理，主要是在成本发生之后进行的核算、分析和考核，一般包括成本核算、成本分析和成本考核等步骤。

3.成本管理应用的工具方法主要包括哪些内容？

答：成本管理应用的管理会计工具方法主要包括变动成本管理、标准成本管理、作业成本管理、质量成本管理、战略成本管理、生命周期成本管理等。

4.试述标准成本管理的计划、控制、考评三个环节的具体体现。

答：第一，制定单位产品成本标准，根据实际产量和成本标准计算产品标准成本；汇总计算实际成本。

第二，将实际成本与标准成本进行对比，以揭示成本差异，查明形成差异的原因和责任，据以采取相应措施，实施对成本的有效控制。

第三，进行标准成本及其成本差异的账务处理，提供成本管理报告，对标准成本的执行结果进行评价考核。

5.标准成本管理中有哪几个账户按标准成本记账？期末成本差异如何处理？

答：标准成本管理中有“生产成本”、“库存商品”和“主营业务成本”三个账户按标准成本记账。

期末成本差异的处理方法有：

（1）直接处理法，又称结转本期损益法，即将本期发生的各种差异全部计入利润表，由本期收入补偿，视同主营业务成本的一种差异处理方法。

（2）递延法，又称调整主营业务成本与期末存货法，即把本期的各类差异按标准成本的比例在期末在产品、产成品存货和本期主营业务成本之间进行分配，从而将在产品、产成品成本和主营业务成本调整为实际成本的一种成本差异处理方法。

6.试述优化流程的几种方法。

答：（1）剔除官僚主义。

（2）增值评估。

增值评估是流程优化最重要的方法，包括两个基本步骤：①确认流程上每一项作业是增值作业还是非增值作业。②根据确认结果，将非增值作业剔除或在规模上压缩到最低限度；保留增值作业，如有可能，在规模上还可予以扩大。

（3）缩短生产周期时间。

企业从产品设计直到产品最终交给顾客的整个过程就是企业的生产周期时间，包括产品设计时间、准备时间、加工时间、搬运时间、等候时间、检验时间、储存时间、运输时间。

（4）全面改进。

全面改进是指从产品设计开始，到组织产品生产，直至生产出顾客满意的产品为止的全过程的改进。

（5）成本动因分析。

成本动因分析是指引起某种作业所耗费资源数额因素的资源动因分析和引起某

种产品所耗费作业数量因素的作业动因分析。

7.质量成本按包括的具体内容可分为哪几类？试说出每一类的概念。

答：质量成本按包括的内容，可分为预防成本、鉴定成本、内部损失成本、外部损失成本。

（1）预防成本。预防成本是指为防止出现产品达不到符合质量标准而支出的成本，主要分为质量计划工作费、质量培训费、质量奖励费、新产品评审费、质量审核费、工序能力研究费、质量改进措施费、质量情报费等。

（2）鉴定成本。鉴定成本又称评估成本或检验成本，是指评定产品是否满足符合质量标准所发生的成本，主要分为进货检验费用、工序检验费用、产品检验费用、产品质量评级费用、检验设备维护保养费用等。

（3）内部损失成本。内部损失成本又称内部缺陷成本或内部故障成本，是指产品出厂前由于自身缺陷而造成的损失以及处理缺陷所发生的费用，主要分为废品损失、返修损失、复检费用、质量事故损失、质量事故分析处理费、质量降级损失等。

（4）外部损失成本。外部损失成本又称外部缺陷成本或外部故障成本，是指产品销售出去后，因产品质量缺陷引起的一切损失费用，主要分为索赔费用、退换损失、保修费用、折价损失等。

通常将预防成本和鉴定成本统称为控制成本或保证成本，将内部损失成本和外部损失成本统称为损失成本、缺陷成本或故障成本。

8.战略成本管理与传统成本管理有何不同？

答：与传统成本管理相比，战略成本管理至少有以下不同：

（1）成本管理的目的不同。

传统成本管理的目的是降低成本，而不关注如何建立竞争优势，是局部性的成本管理。战略成本管理的目的不仅是降低成本，而且是要建立并保持企业的长期竞争优势。它是全局性的成本管理。

（2）成本管理的过程不同。

传统成本管理只关注供、产、销的内部生产经营过程的成本管理，开始于材料的采购，结束于产品的销售。战略成本管理是对产品设计、产品生产、产品销售和产品售后的全过程的成本管理，是从项目投资到产品开发与设计、样品试制、材料采购、产品制造、产品销售、售后服务各个环节的全过程管理。

（3）成本管理的范围不同。

传统成本管理的范围仅局限于企业内部，只从企业内部寻求降低成本的途径，从而忽略了与上游供应商、下游客户及经销商进行合作以寻求降低成本的途径。战略成本管理的范围不局限于企业内部，要求超越企业边界进行跨组织的成本管理，通过与企业价值链相关的供应商以及分销商建立紧密联系，相互协调地降低成本。

（4）成本管理的观念不同。

传统成本管理只注重对企业内部成本信息的分析利用，不注重企业外部顾客、竞争对手成本信息对成本管理的影响。战略成本管理则围绕企业、顾客和竞争对手组成的“战略三角”，注重对企业内部成本信息的分析利用，更注重对顾客、竞争对手成本信息的分析利用，是一种“外向型”的成本管理。

（5）成本管理的侧重点不同。

传统成本管理所追求的是尽量避免在生产过程中出现无谓的成本耗费，侧重于生产经营过程中的成本降低。战略成本管理的侧重点则是在企业筹划时，就对企业所处的地理位置、企业产品的市场定位、经营规模及未来发展趋势等一系列结构性成本动因、执行性成本动因进行全面考虑，是一种“前瞻性”的成本管理。

（七）业务题

1.解：

价格差异=（200−210）×9 000=−90 000（元）　　（有利差异）

用量差异=（9 000−1 000×10）×210=−210 000（元）　　（有利差异）

总差异=9 000×200−1 000×10×210=−300 000（元）　　（有利差异）

或=−90 000+（−210 000）=−300 000（元）　　（有利差异）

2.解：

预算差异=5 600−5 000=600（元）　　（不利差异）

能力差异=5 000−5 000÷2 000×1 400=1 500（元）　　（不利差异）

效率差异=5 000÷2 000×1 400−5 000÷2 000×2 100=−1 750（元）　　（有利差异）

总差异=5 600−5 000÷2 000×2 100=350（元）　　（不利差异）

或=600+1 500+（−1 750）=350（元）　　（不利差异）

3.解：

（1）材料价格差异=（137 500÷1 250−100）×1 250=12 500（元）　　（不利差异）

材料用量差异=（1 250−120×10）×100=5 000（元）　　（不利差异）

总差异=137 500−120×10×100=17 500（元）　　（不利差异）

或 =12 500+5 000=17 500（元）　　（不利差异）

（2）固定制造费用预算差异=42 000−45 000=−3 000（元）　　（不利差异）

固定制造费用能力差异=45 000−120×10×45 000÷（100×9）=−15 000（元）

（有利差异）

固定制造费用效率差异=120×10×50−120×9×50=6 000（元）　　（不利差异）

总差异=42 000−120×9×50=−12 000（元）　　（有利差异）

或=−3 000+（−15 000）+6 000=−12 000（元）　　（有利差异）

4.解：

（1）借：原材料　　88 500

贷：银行存款 88 500

（2）实际单价=88 500÷30 000=2.95（元/千克）

借：生产成本 75 000

材料用量差异（（25 500－10×2 500）×3） 1 500

贷：原材料（2.95×25 500） 75 225

材料价格差异 （（2.95－3）×25 500） 1 275

本期投产约当产量=本期完工产量+期末在产品约当产量－期初在产品约当产量

=2 400+700×0.5－600×0.5=2 450（件）

（3）借：生产成本（2 450×4×4） 39 200

直接人工工资率差异（（40 000÷9 750－4）×9 750） 1 000

贷：应付职工薪酬 40 000

直接人工效率差异（（9 750－2 450×4）×4） 200

（4）借：生产成本（2 450×6） 14 700

变动制造费用耗费差异（（15 000÷9 750－1.5）×9 750） 375

贷：变动制造费用 15 000

变动制造费用效率差异（（9 750－4×2 450）×1.5） 75

（5）借：生产成本（2 450×4） 9 800

固定制造费用能量差异（11 000×1－2 450×4×1） 1 200

贷：固定制造费用预算差异（10 000－11 000×1） 1 000

固定制造费用 10 000

（6）借：产成品（56×2 400） 134 400

贷：生产成本 134 400

（7）借：主营业务成本 1 525

材料价格差异 1 275

直接人工效率差异 200

变动制造费用效率差异 75

固定制造费用预算差异 1 000

贷：材料用量差异 1 500

直接人工工资率差异 1 000

变动制造费用耗费差异 375

固定制造费用能量差异 1 200

5.解：

（1）材料成本差异：

总差异=2.1×24 000－9 000×6=－3 600（元） （有利差异）

价格差异=（2.1－2.0）×24 000=2 400（元） （有利差异）

用量差异=（24 000－9 000×3）×2=－6 000（元） （有利差异）

（2）人工成本差异：

总差异=2.5×17 000−2×9 000×3 =−11 500（元）　（有利差异）

效率差异=（17 000−2×9 000）×3=−3 000（元）　（有利差异）

工资率差异=（2.5−3）×17 000=−8 500（元）　（有利差异）

（3）变动制造费用差异：

总差异=69 000−2×9 000×4=−3 000（元）　（有利差异）

耗费差异=（69 000÷17 000−4）×17 000=1 000（元）　（不利差异）

效率差异=（17 000−2×9 000）×4=−4 000（元）　（有利差异）

（4）固定制造费用差异：

总差异=43 000−2.5×2×9 000=−2 000（元）　（有利差异）

预算差异=43 000−50 000 =−7 000（元）　（有利差异）

能力差异=50 000−17 000×2.5 = 7 500（元）　（不利差异）

效率差异=（17 000−2×9 000）×2.5=−2 500（元）　（有利差异）

6.解：

对该产业价值链的分析：从制衣产业的价值链示意图可以看出，A竞争者是一个高度综合的企业，其经营范围覆盖制衣的整个价值链，B、C、D、E、F竞争者则处于制衣产业价值链的不同环节。其中，B、C可视为产业中的上游企业，其提供的各环节产品并没有被最终顾客所消费；D、E、F可视为产业中的下游企业，其产品被最终顾客所消费。上游的所有企业应以产品为中心，进行技术、组织、管理等方面的不断创新以及自身作业链的不断优化，力求在新产品、新工艺的开拓和原有产品的改进上不断取得新的突破，使企业的产品不断优化，新产品不断涌现，从而取得差异化或低成本的竞争优势。下游的所有企业应以用户为中心，了解不同用户的不同文化素质、兴趣和爱好，进而了解用户的不同特点和需求，以便及时调整生产，提供用户所需的产品，从而不断拓展企业的销售渠道和细分市场，进而不断提高企业的市场占有率。

对每个竞争对手可能采取的竞争策略的分析：A竞争者可以根据按市场价格调整的内部转移价格计算出各个环节的投资收益率。通过分析，A竞争者就会发现企业生产的哪个环节收益高，哪个环节收益低，哪个环节具有竞争优势。这样，A竞争者就会作出是自制还是外购以及是退出某一环节还是拓展某一环节的决策。至于B、C、D、E、F竞争者，它们也可以通过产业价值链分析找到企业自身的发展方向。假设D竞争者通过分析，发现自己的投资收益率偏低，与竞争对手相比，自己的价值链中成本偏高，那么，其原因可能有：（1）产量低，规模小，而自己的竞争者却达到了经济规模。在这种情况下，D竞争者就有必要考虑横向并购的战略决策问题。（2）进行成本动因分析后，D竞争者发现，在最终消费者所支付的成衣成本价值中，材料成本价值过高，而其供应商和销售商的边际利润率都高于自己。这说明，该企业的纵向规模未达到合适的水平。这时，D竞争者就有必要考虑进行纵向拓展决策，从而将自己的经营领域扩展到自己的供应商和销售商。(3) 发现本企业的产品销售不畅，产品积压，其原因是销售渠道不合理。在这种情况下，企业应重新考虑自己的顾客群，从而改变销售渠道，开辟新的销售市场。

第八章 绩效管理

一、本章内容结构

- 绩效管理
  - 绩效管理概述（第一节）
    - 一、绩效管理的相关概念
    - 二、绩效管理的原则
    - 三、绩效管理的应用环境
    - 四、绩效管理的程序
  - 传统绩效考评方法——责任会计（第二节）
    - 一、责任会计概述
    - 二、责任中心
    - 三、内部转移价格
    - 四、责任中心的绩效考评
  - 综合绩效考评方法——平衡计分卡（第三节）
    - 一、传统业绩考评指标的缺陷及平衡计分卡的产生和发展
    - 二、平衡计分卡的概念及相关内容
    - 三、平衡计分卡的简例
    - 四、平衡计分卡的设计
    - 五、平衡计分卡设计应注意的几个问题
    - 六、平衡计分卡综合绩效考评过程

二、学习目的与要求

（一）学习目的

1.掌握绩效管理、绩效评价、激励管理的概念，运用绩效管理的程序进行绩效管理。

2.掌握责任会计的内容、责任中心的建立和责任中心的绩效管理，运用责任会计对标准成本管理、预算管理进行绩效考评。

3.掌握平衡计分卡的内容以及平衡计分卡的设计、应注意的问题和考评过程，运用平衡计分卡落实战略决策，以便有效考评和管理企业。

（二）学习要求

1.了解绩效管理的原则、应用环境，熟悉绩效管理的程序。

2.了解“分权管理”的优缺点，熟悉责任中心的类型，内部转移价格的作用与

方法，掌握责任中心的绩效考评。

3.了解平衡计分卡的产生和发展，熟悉平衡计分卡的基本结构，掌握平衡计分卡的设计、应注意的问题和考评过程。

三、本章重点与难点

（一）重点

1.责任中心的建立和考评。

2.平衡计分卡的基本结构、设计和考评。

（二）难点

平衡计分卡的设计和考评。

四、练习题

（一）填空题

1.绩效管理的核心是（　　）和（　　）。

2.绩效管理有如下三个程序：绩效管理计划的制订、绩效管理的（　　）、绩效管理的（　　）。

3.绩效考评主体是指（　　）来进行绩效考评。绩效考评客体是指（　　）进行业绩考评。

4.绩效考评的方法主要可分为：传统绩效考评制度——（　　）、综合绩效考评制度——（　　）。

5.责任中心通常分为（　　）、（　　）和投资中心。

6.利润中心是对利润负责的中心，是既能控制（　　），又能控制（　　）的责任中心。

7.利润中心可分为（　　）和（　　）。

8.内部转移价格是指企业内部各责任中心之间发生内部（　　）和内部（　　）所使用的计价标准。

9.目标成本降低额=（　　）-（　　）。

10.目标成本降低率=$\frac{(\quad)}{(\quad)}$。

11.投资中心的绩效考评的重点应放在（　　）和（　　）两项指标上。

12.在平衡计分卡中，财务不仅是一个独立的方面，而且是其他几个方面的（　　）和（　　）。

（二）单项选择题

1.既对成本、收入和利润负责，又对资金及其利用效果负责的责任中心是（　　）。

A.成本中心　　B.利润中心

C.投资中心　　D.信息中心

2.成本中心的成本是指（　　）。

A.产品成本　　B.目标成本

C.责任成本　　D.期间成本

3.考核成本中心经营业绩的主要内容是（　　）。

A.可控成本　　B.可变成本

C.标准成本　　D.产品成本

4.下列成本中，属于成本中心必须控制和考评的成本是（　　）。

A.可控成本　　B.期间成本

C.不可控成本　　D.产品成本

5.不仅考核其成本，还要考核其收入和利润的责任中心是（　　）。

A.成本中心　　B.利润中心

C.投资中心　　D.财会中心

6.下列项目中，不属于利润中心负责范围的是（　　）。

A.成本　　B.收入

C.利润　　D.投资

7.利润中心控制和考评的利润是（　　）。

A.税前利润　　B.税后利润

C.营业利润　　D.责任利润

8.当计算投资利润率时，经营总资产中的固定资产的计价应为（　　）。

A.原始价值　　B.现值

C.重置价值　　D.可变现价值

9.某投资中心的资产周转率为0.3次，销售利润率为48%，则该投资中心的投资报酬率为（　　）。

A.42%　　B.22.5%

C.14.4%　　D.6%

10.投资中心获得的利润扣减经营总资产按规定的投资报酬率计算的投资收益后的差额，称为（　　）。

A.税后利润　　B.部门贡献毛益

C.剩余收益　　D.投资利润

11.某投资中心的投资额为200 000元，规定的投资报酬率为20%，剩余利润为20 000元，则该投资中心的投资报酬率为（　　）。

A.10%　　B.20%

C.30%　　D.40%

12.责任会计的绩效考评是指对（　　）的考评。

A.管理部门　　B.生产部门

C.销售部门　　D.责任中心

13.下列属于平衡计分卡财务方面考评指标的是（　　）。

A.增值能力　　B.市场占有率

C.时间指标　　D.员工生产率

14.下列属于平衡计分卡顾客方面考评指标的是（　　）。

A.质量指标　　B.市场占有率

C.成长速度　　D.员工生产率

15.下列属于平衡计分卡内部业务流程方面考评指标的是（　　）。

A.财务风险　　B.顾客满意度

C.成本指标　　D.员工留住率

16.下列属于平衡计分卡学习与成长方面考评指标的是（　　）。

A.盈利能力　　B.顾客保持率

C.质量指标　　D.员工留住率

17.下列属于平衡计分卡财务方面业绩动因的是（　　）。

A.资产、资本结构　　B.市场调查

C.研究开发计划　　D.员工的学历和经历

18.下列属于平衡计分卡顾客方面业绩动因的是（　　）。

A.资产运转能力　　B.销售服务

C.增值作业的增值程度　　D.员工的学历和经历

19.下列属于平衡计分卡内部业务流程方面业绩动因的是（　　）。

A.资产运转能力　　B.广告宣传

C.成本指标　　D.员工的教育和培训

20.下列属于平衡计分卡学习与成长方面业绩动因的是（　　）。

A.经营耗费水平　　B.广告宣传

C.作业成本　　D.员工的教育和培训

（三）多项选择题

1.下列属于实施绩效管理原则的是（　　）。

A.责任主体原则　　B.战略导向原则

C.可控性原则　　D.规范统一原则与客观公正原则

E.科学有效原则

2.绩效管理的程序包括（　　）。

A.绩效管理的预测　　B.绩效管理的组织

C.绩效管理计划的制订　　D.绩效管理的控制

E.绩效管理的考评

3.下列属于绩效考评系统要素的是（　　）。

A.绩效考评主、客体　　B.绩效考评指标

C.绩效考评标准　　D.绩效考评方法

E.绩效考评报告

4.责任中心通常分为（　　）。

A.销售中心　　B.成本中心

C.利润中心　　D.投资中心

E.信息中心

5.为了计算责任成本，必须把成本划分为（　　）。

A.可控成本　　B.不可控成本

C.可避免成本　　D.不可避免成本

E.边际成本

6.责任成本与产品成本的主要区别是成本核算的（　　）。

A.对象不同　　B.方法不同

C.原则不同　　D.内容不同

E.目的不同

7.确定内部转移价格的方法有（　　）。

A.市场价格法　　B.协商价格法

C.成本加成法　　D.双重价格法

E.领导决定法

8.评价和考核投资中心工作成绩的重点指标应该是（　　）。

A.投资报酬率　　B.销售利润率

C.贡献毛益　　D.剩余收益

E.成本降低率

9.投资报酬率可以分解为几个相对数指标之积，包括（　　）。

A.贡献毛益率　　B.销售成本费用率

C.成本费用利润率　　D.资产周转率

E.安全边际率

10.平衡计分卡的基本内容包括（　　）。

A.财务方面　　B.顾客方面

C.内部业务流程方面　　D.企业组织方面

E.学习与成长方面

11.平衡计分卡的平衡包括（　　）。

A.过去、现在、未来的平衡　　B.短期与长期的平衡

C.内部与外部的平衡　　D.结果与动因的平衡

E.宏观与微观的平衡

12.平衡计分卡每个方面通常包括的基本项目有（　　）。

A.战略目标　　B.考评指标

C.业绩动因　　D.标准数据指标

E.具体措施和评分

13.平衡计分卡的企业战略目标设计可以分为（　　）。

A.提出战略口号　B.明确企业使命

C.制定企业发展战略　D.确定企业战略目标

E.实施企业战略行动

14.下列属于平衡计分卡财务方面考评指标的有（　　）。

A.增值能力　B.财务风险

C.成长速度　D.盈利能力

E.市场占有率

15.下列属于平衡计分卡顾客方面考评指标的有（　　）。

A.顾客满意度　B.顾客保持率

C.顾客获得率　D.市场占有率

E.顾客获利率

16.下列属于平衡计分卡内部业务流程方面考评指标的有（　　）。

A.质量指标　B.成本指标

C.时间指标　D.新产品研究开发损益平衡时间

E.增值能力

17.下列属于平衡计分卡学习与成长方面考评指标的有（　　）。

A.增值能力　B.成长速度

C.市场占有率　D.员工留住率

E.员工生产率

18.下列属于平衡计分卡财务方面业绩动因的有（　　）。

A.资产运转能力　B.经营耗费水平

C.资产、资本结构　D.作业成本

E.增值作业的增值程度

19.下列属于平衡计分卡顾客方面业绩动因的有（　　）。

A.市场调查　B.广告宣传

C.销售服务　D.供应商关系

E.员工满意度

20.下列属于平衡计分卡学习与成长方面业绩动因的有（　　）。

A.员工满意度　B.员工的学历和经历

C.员工的教育和培训　D.战略工作覆盖率

E.增值作业的增值程度

21.下列属于平衡计分卡内部业务流程方面业绩动因的有（　　）。

A.作业质量　B.作业成本

C.增值作业的增值程度　D.非增值作业的消除程度

E.研究开发计划

（四）判断题

1.绩效管理的核心是绩效评价和激励管理。（ ）

2.绩效考评不是企业实施激励管理的重要依据。（ ）

3.激励管理是促进企业绩效提升的重要手段。（ ）

4.企业发挥分权管理的优点，抑制其缺点，必须要加强企业内部控制和考评。（ ）

5.责任中心通常分为成本中心、利润中心和投资中心。（ ）

6.责任成本是指成本中心的各项可控成本之和。（ ）

7.责任利润就是利润中心可控收入减去可控成本而形成的可控利润。（ ）

8.投资中心也是利润中心。（ ）

9.平衡计分卡是一项综合绩效考评方法。它不仅考评财务指标，而且考评非财务指标。（ ）

10.平衡计分卡是由财务、顾客、内部业务流程和学习与成长四个方面组成的，其内容是固定不变的。（ ）

11.平衡计分卡每个方面的6个项目是固定不变的。（ ）

12.平衡计分卡每个方面绩效考评指标的数量不是固定不变的。（ ）

13.平衡计分卡不是简单的业绩评价工具，而是一个综合的绩效考评方法。（ ）

（五）名词解释

1.绩效管理
2.绩效评价
3.激励管理
4.分权管理
5.责任会计
6.成本中心
7.利润中心
8.投资中心
9.内部转移价格
10.投资报酬率
11.剩余收益
12.平衡计分卡

（六）简答题

1.实施绩效管理的原则是什么？

2.试述绩效管理的应用环境。

3.实施业绩考评的基本条件是什么？

4.绩效考评的系统要素包括哪些内容？

5.内部转移价格有什么作用？

6.确定内部转移价格有哪几种方法？

7.传统绩效考评指标有哪些缺陷？

8.平衡计分卡包括哪些基本内容？

9.平衡计分卡的平衡体现在哪几个方面？

10.平衡计分卡的每个方面分别包括哪些项目？

11.平衡计分卡的综合绩效考评一般分为哪几个步骤？

（七）业务题

1.假设某企业有两个利润中心——分部A和分部B，有关资料见表8-1。

表8-1　某企业的分部A和分部B的相关资料　金额单位：元

分部A		分部B		
完工部件外销单价	15	完工产品单位售价		17
单位变动成本	6	单位变动成本	分部A:	6
			分部B:加工费	4
			销售费	4
		合计		14
单位贡献毛益	9	单位贡献毛益		3
贡献毛益总额	90 000	贡献毛益总额		30 000
（按10 000件计算）		（按10 000件计算）		

假定分部A的固定制造费用为400 000元，预计年产量为100 000件，则每件的完全成本如下：

单位变动成本　6元/件

单位固定成本（400 000÷100 000）　4元/件

单位完全成本　10元/件

假如分部A有剩余生产能力，分部B正在考虑是否向分部A购买10 000件的部件继续加工，然后以17元/件的单位售价出售（分部B的追加成见表8-1）。

要求：（1）假定按照完全成本结转，分部B的经理是否愿意购买？为什么？

（2）如果分部B的经理决定购买，那么从公司整体看是否有利？为什么？

2.假定某分部的经营资产为400 000元，经营净利润（息税前利润）为120 000元。

要求：（1）计算该分部的投资报酬率。

（2）如果最低利润率按14%计算，那么其剩余利润是多少？

（3）如果采用投资报酬率来衡量其工作成果，预计对管理部门的行动有什么影响？

（4）如果采用剩余利润来衡量其工作成果，预计对管理部门的行动有什么影响？

3.光大公司2021年某经营部的经营情况如下：

投资报酬率：25%。

销售收入：1 200 000元。

销售利润率：10%。

最低投资报酬率：18%。

要求：（1）计算该营业部的经营资产。

（2）计算该营业部的剩余利润。

4.某投资中心的投资额为100 000元，年净利润为18 000元，企业为该投资中心规定的投资报酬率为15%。

要求：计算该投资中心的投资报酬率和剩余收益。

5.已知有3家不相关的公司A、B、C，其有关资料见表8-2。

表8-2　A、B、C公司相关资料　金额单位：元

项　目	A公司	B公司	C公司
利润	36 000	840	4 000
投资额	300 000	7 000	80 000
规定的最低投资报酬率(%)	10	12	8

要求：（1）分别计算各公司的剩余收益。

（2）如果现有一项可带来11%报酬率的投资机会，那么上述3家公司是否愿意进行投资？

6.某企业下设甲投资中心和乙投资中心，要求的投资报酬率为10%。两投资中心均有一投资方案可供选择。预计产生的影响见表8-3。

表8-3　追加投资对甲、乙投资中心预计产生的影响　金额单位：万元

项　目	甲投资中心		乙投资中心	
	追加投资前	追加投资后	追加投资前	追加投资后
总资产	50	100	100	150
息税前利润	4	8.6	15	20.5
投资报酬率(%)	8		15	
剩余收益	-1		5	

要求：（1）计算并填列表8-3中的空项。

（2）运用剩余收益指标分别就两投资中心是否应追加投资进行决策。

7.以下为日光公司某经营部的经营业绩：经营资产200 000元、经营净利润（息税前利润）50 000元、最低投资报酬率16%。

要求：（1）计算该经营部的投资利润率和剩余利润。

（2）假设该经营部正在研究某一投资方案。该方案需投入资金30 000元，预计投资报酬率为20%。如果以投资报酬率为取舍标准，那么经营部经理是否应进行投资？如果以剩余利润为标准，那么该经理又该如何处理？

五、练习题参考答案

（一）填空题

1.绩效评价 激励管理

2.控制 考评

3.由谁 对谁

4.责任会计　平衡计分卡

5.成本中心　利润中心

6.成本　收入

7.自然利润中心　人为利润中心　　8.交易结算 责任结转
9.目标成本　实际成本　　10.目标成本降低额　目标成本
11.投资报酬率　剩余收益　　12.出发点　落脚点

（二）单项选择题

1.C　2.C　3.A　4.A　5.B　6.D　7.D　8.A　9.C　10.C　11.C　12.D　13.A　14.B　15.C　16.D　17.A　18.B　19.C　20.D

（三）多项选择题

1.ABCDE　2.CDE　3.ABCDE　4.BCD　5.AB　6.ACDE　7.ABCD　8.AD　9.BCD　10.ABCE　11.ABCD　12.ABCDE　13.BCD　14.ABCD　15.ABCDE　16.ABCD　17.DE　18.ABC　19.ABC　20.ABCD　21.ABCDE

（四）判断题

1.√　2.×　3.√　4.√　5.√　6.√　7.√　8.√　9.√　10.×　11.×　12.√　13.√

（五）名词解释

1.绩效管理，是指企业与所属单位（部门）、员工之间就绩效目标及如何实现绩效目标达成共识，并帮助和激励员工取得优异绩效，从而实现企业目标的管理过程。

2.绩效评价，又称绩效考评，是指企业运用系统的工具方法，对一定时期内企业营运效率与效果进行综合评判的管理活动。

3.激励管理，是指企业运用系统的工具方法，调动企业员工的积极性、主动性和创造性，激发企业员工工作动力的管理活动。

4.分权管理，就是将生产经营决策权连同相应的经济责任划分给不同层次的管理人员，使其对日常经营活动作出及时、有效决策的一种组织管理形式。

5.责任会计是指以企业内部的各个责任中心为会计主体，以责任中心可控的资金运动为对象，对责任中心进行规划、控制和考评的一种会计制度。

6.成本中心是只对其可控成本或费用负责的责任中心，即只考评所发生的可控成本或费用，而不形成或不考评其收入的责任单位。

7.利润中心是对利润负责的责任中心，是既能控制成本，又能控制收入的责任中心。

8.投资中心是对投资负责的责任中心，是既对成本、收入和利润负责，又对资金及其利用效益负责的责任中心。

9.内部转移价格是指企业内部各责任中心之间发生内部交易结算和内部责任结转所使用的计价标准。

10.投资报酬率又称投资利润率，是指投资中心所获得的年均利润与投资额之比，主要有以下两种表现形式：

$$投资报酬率=\frac{年均税前利润}{净资产}$$

$$投资报酬率=\frac{年均息税前利润}{投资额(或经营总资产)}$$

11.剩余收益又称剩余利润、经济附加值，是指投资中心获得的利润扣减经营总资产（投资额）按规定的投资报酬率计算的投资收益后的差额。其公式为：

剩余收益=年均息税前利润-经营总资产×规定的投资报酬率

=经营总资产×（投资报酬率-规定的投资报酬率）

12.平衡计分卡（balanced score card，BSC），又可译为“平衡积分卡”“综合计分卡”等，是指基于企业战略，从财务、客户、内部业务流程、学习与成长四个维度，将战略目标逐层分解转化为具体的、相互平衡的绩效指标体系，并据此进行绩效管理的方法。

（六）简答题

1.实施绩效管理的原则是什么？

答：（1）责任主体原则；（2）战略导向原则；（3）客观公正原则；（4）规范统一原则；（5）科学有效原则；（6）可控性原则 。

2.试述绩效管理的应用环境。

答：（1）企业进行绩效管理时，应设立薪酬与考核委员会或类似机构，主要负责审核绩效管理的政策和制度、绩效管理计划、绩效评价结果与激励实施方案、绩效评价与激励管理报告等，协调解决绩效管理工作中的重大问题。

（2）企业应建立健全绩效管理的制度体系，明确绩效管理的工作目标、职责分工、工作程序、工具方法、信息报告等内容。

（3）企业应建立有助于绩效管理实施的信息系统，为绩效管理工作提供信息支持。

3.实施绩效考评的基本条件是什么？

答：（1）明确各部门（责任中心）的责权范围。

（2）确定各部门（责任中心）的考评标准。

（3）建立各部门（责任中心）的记录、报告系统。

（4）制定合理有效的奖惩制度。

4.绩效考评的系统要素包括哪些内容？

答：绩效考评的系统要素包括：

（1）绩效考评主体；（2）绩效考评客体；（3）绩效考评指标；（4）绩效考评标准；（5）绩效考评方法；（6）绩效考评报告。

5.内部转移价格有什么作用？

答：（1）内部转移价格是落实各责任中心经济责任的必要条件。

（2）内部转移价格是控制和考评各责任中心业绩的基本手段。

（3）内部转移价格是正确进行生产经营决策的量化依据。

6.确定内部转移价格有哪几种方法？

答：确定内部转移价格的方法有：

（1）市场价格法，是指以市场上产品或劳务的价格作为内部转移价格依据的方法。

（2）协商价格法，是指各责任中心的买卖双方经过讨价还价，形成企业内部模拟的“公允市场”价格，以此作为内部转移价格的方法。

（3）成本加成法，是指以中间产品或劳务的单位成本加上单位目标利润作为内部转移价格的方法。

（4）双重价格法，是指对买卖双方的责任中心采用不同的内部转移价格进行计价的方法。

7.传统绩效考评指标有哪些缺陷？

答：（1）只注重对过去经营业绩的考评，不能对未来应采取的行动提供充分指导。

（2）只注重财务因素，不反映非财务因素。

（3）只注重短期财务成果，不关注长期价值创造。

（4）只注重内部各种因素，不考虑外部因素影响。

8.平衡计分卡包括哪些基本内容？

答：（1）财务方面：我们怎样为股东创造财富？

（2）顾客方面：我们怎样满足顾客需求？

（3）内部业务流程方面：我们必须擅长什么？

（4）学习与成长方面：如何创造并提高企业价值？

9.平衡计分卡的平衡体现在哪几个方面？

答：（1）过去、现在、未来的平衡：以财务方面代表的过去、顾客方面和内部业务流程方面代表的现在、学习与成长方面代表的未来之间的平衡。

（2）短期与长期的平衡：以财务方面代表的短期行为和以学习与成长方面代表的长期规划之间的平衡。

（3）内部与外部的平衡：以内部业务流程方面为代表的企业内部和以顾客方面为代表的企业外部之间的平衡。

（4）结果与动因的平衡：以财务方面为代表的结果（财务指标）和以顾客方面、内部业务流程方面、学习与成长方面为代表的动因（非财务指标）之间的平衡。

10.平衡计分卡的每个方面分别包括哪些项目？

答：平衡计分卡每个方面一般包括以下6个项目：

（1）战略目标，是指完成企业理念和战略的基本目标。

（2）考评指标，是指为确保目标实现，能够持续测定的反映战略目标业绩结果的指标。

（3）业绩动因，是指为实现考评指标，直接驱动业绩结果的因素。

（4）标准数据指标，是指为考评指标确定的标准数据。它可以是预算数、计划数、行业标准数等。

（5）具体措施，是指为使平衡计分卡能贯彻到各个部门（责任中心），实现战略目标而制定的具体对策或行动计划。

（6）评分，是指当业绩期间结束时，将平衡计分卡的日常记录与标准数据指标进行对比，依据事先确定的评分标准和权重给出评分，再根据评分对各部门（责任中心）及企业整体作出评价，并与薪酬计划等激励机制对接。

11.平衡计分卡的综合绩效考评一般分为哪几个步骤？

答：（1）平衡计分卡的最初设计。

平衡计分卡的最初设计是平衡计分卡应用中至关重要的环节。平衡计分卡最初设计得是否科学是其日后能否顺利实施、能否充分发挥效用的关键。

（2）平衡计分卡的日常记录。

平衡计分卡的日常记录是指在业绩期间，随时将那些为计算平衡计分卡指标所需要的数据资料记录下来。

（3）平衡计分卡的期末评分。

平衡计分卡的期末评分是指到业绩期间结束时，计算平衡计分卡的各项指标与标准数据指标进行对比，并依据事先确定的评分标准和权重给出评分，再根据评分对整个业绩期间企业整体、部门（责任中心）以及员工的个人业绩作出评价。

（4）平衡计分卡的修正。

平衡计分卡在应用过程中可能会暴露出其存在的问题，需要及时更正，并且随着环境的变化，平衡计分卡也需要不断更新。

（七）业务题

1.解：

（1）若按照完全成本结转，分部B的经理不会购买，因为此时分部B的贡献毛益为-10 000元（（17-（10+4+4））×10 000）。

无论从贡献毛益、净收益的角度，还是从销售利润率的角度来看，这对分部B都是不利的，因此分部B的经理不会购买。

（2）如果分部B的经理决定购买，那么从公司整体看是有利的。这是因为，分部A有剩余生产能力，分部B购买不影响分部A的外销数量，而且从公司整体看，如果分部B不从分部A购买而是从企业外部购买该部件，那么其购价一般也不会低于完全成本。也就是说，分部B不从分部A购买该部件，分部B就不会对该部件继续加工，而这对公司整体是不利的。因为分部B购买分部A的部件，虽然贡献毛益为-10 000元，但分部A却取得贡献毛益90 000元。从公司整体看，这仍使贡献毛益增加了80 000元（90 000-10 000），因此，对公司整体是有利的。

2.解：

（1）投资报酬率=120 000÷ 400 000×100%=30%

（2）剩余利润=120 000−400 000×14%=64 000（元）

（3）如果采用投资报酬率来衡量工作成果，那么该分部就不愿意接受投资利润率低于30%的任何追加投资方案，而是尽可能降低成本、增加销售，提高销售利润率，同时还要经济有效地利用现有的经营资产，努力提高经营资产周转率，从而达到提高投资利润率的目的。这有利于局部利益，但可能会损害企业的整体利益。

（4）如果采用剩余利润来衡量其工作成果，那么管理部门就会愿意接受预计投资利润率大于规定的最低投资利润率的投资方案，以达到增加剩余利润的目的，同时也会使企业的整体利润增加，使分部的目标与企业目标趋于一致。

3.解：

（1）方法一：

经营净利润=1 200 000×10%=120 000（元）

经营资产=120 000÷25%=480 000（元）

方法二：

由“投资利润率=经营资产周转率×销售利润率”，得：

经营资产周转率=25%÷10%=2.5（次）

再由“经营资产周转率=销售收入÷经营资产”，得：

经营资产=1 200 000÷2.5=480 000（元）

（2）剩余利润=120 000−480 000×18%=33 600（元）

或 =（25%−18%）×480 000=33 600（元）

4.解：

投资报酬率=$\frac{18\ 000}{100\ 000}$×100%=18%

剩余收益=18 000−100 000×15%=3 000（元）

5.解：

（1）A公司的剩余收益=36 000−300 000×10%=6 000（元）

B公司的剩余收益=840−7 000×12%=0

C公司的剩余收益=4 000−80 000×8%=−2 400（元）

（2）A公司和C公司规定的最低投资报酬率低于该项投资的预期报酬率，A公司=300 000×（11%−10%）=3 000（元），C公司=80 000×（11%−8%）=2 400（元），A公司和C公司的剩余收益大于零，故A公司和C公司可能投资。

B公司规定的最低投资报酬率12%高于该项投资的预期报酬率11%，剩余收益=7 000×（11%−12%）=−70（元），小于零，故B公司不会进行此项投资。

6.解：（1）甲投资报酬率=$\frac{8.6}{100}$×100%=8.6%

甲剩余收益=8.6-100×10%=-1.4（万元）

乙投资报酬率=$\frac{20.5}{150}$×100%=13.67%

乙剩余收益=20.5-150×10%=5.5（万元）

追加投资对甲、乙投资中心预计产生的影响见表8-4。

表8-4 追加投资对甲、乙投资中心预计产生的影响 金额单位：万元

项　目	甲投资中心		乙投资中心	
	追加投资前	追加投资后	追加投资前	追加投资后
总资产	50	100	100	150
息税前利润	4	8.6	15	20.5
投资报酬率（%）	8	8.6	15	13.67
剩余收益	-1	-1.4	5	5.5

（2）甲投资中心追加投资后，其投资报酬率虽然提高了0.6%，但剩余收益却降低了0.4万元，所以不应追加投资；乙投资中心追加投资后，其投资报酬率虽然降低了1.33%，但剩余收益却增加了0.5万元，故可追加投资。

7.解：

（1）投资利润率=50 000÷ 200 000×100%=25%

剩余利润=50 000-200 000×16%=18 000（元）

（2）如果以投资报酬率为标准，那么经营部经理不能接受该项投资，因为接受投资后的利润率为24.35%（（50 000+30 000×20%）÷（200 000+30 000）×100%），比原投资利润率25%降低了0.65%，故不能接受该项投资。

如果以剩余利润为标准，那么经营部经理应接受该投资，因为此时有剩余利润1 200元（（20%-16%）×30 000），故应接受该项投资。

新编管理会计学模拟试题一

题　号	一	二	三	四	五	六	总　分
各题分数	10	10	10	9	16	45	100
实得分数							

一、单项选择题（每小题1分，共10分）

1.管理会计形成的关键标志是（　　）。

A.执行性管理会计的产生　　B.决策性管理会计的产生

C.电子计算机的应用　　D.现代管理科学的应用

2.下列属于“约束性固定成本”的是（　　）。

A.研究开发费　　B.广告费

C.固定资产折旧费　　D.职工培训经费

3.若某企业连续3年按变动成本法计算的营业利润分别为10 000元、12 000元、11 000元，则在下列表述中正确的是（　　）。

A.第三年的销量最少　　B.第二年的销量最大

C.第一年产量比第二年少　　D.第二年产量比第三年多

4.某公司生产的产品，单价为2元/件，贡献毛益率为40%，本期的保本量为200 000件，则其固定成本为（　　）元。

A.160 000　　B.500 000

C.800 000　　D.1 000 000

5.某公司计划年度预计销售收入为500 000元，税率为销售收入的8%，要实现的目标利润为80 000元，则企业的目标成本为（　　）元。

A.380 000　　B.460 000

C.620 000　　D.120 000

6.当企业进行决策时，在若干个备选方案中，由于选取最满意方案而放弃次满意方案所丧失的潜在利益称为（　　）。

A.边际成本　　B.机会成本

C.专属成本　　D.差别成本

7.当某投资方案的净现值大于零时，则内部收益率（　　）。

A.大于折现率　　B.小于折现率

C.等于折现率　　D.以上三种都有可能

8.充分考虑到预算期内有关指标可能发生的变化，按照多种业务量水平编制的预算是（　　）。

A.零基预算　　B.增量预算

C.弹性预算　　D.滚动预算

9.如果标准工时为80小时，实耗100小时，标准工资率为每小时5元，实际工资率为每小时3元，则人工效率差异为（　　）。

A.100元（有利差异）　　B.200元（有利差异）

C.200元（不利差异）　　D.100元（不利差异）

10.某投资中心的投资额为200 000元，规定的投资报酬率为20%，剩余利润为20 000元，则该投资中心的投资报酬率为（　　）。

A.10%　　B.20%

C.40%　　D.30%

二、多项选择题（每小题1分，共10分）

1.泰罗的科学管理学说在会计上的体现有（　　）。

A.标准成本　　B.预算控制

C.差异分析　　D.付现成本

E.边际成本

2.在相关范围内，属于变动成本特点的有（　　）。

A.变动成本总额的不变性　　B.变动成本总额的正比例变动性

C.单位变动成本的不变性　　D.单位变动成本的正比例变动性

E.单位变动成本的反比例变动性

3.在变动成本法下，期间成本包括（　　）。

A.固定制造费用　　B.固定销售费用

C.固定管理费用　　D.变动销售费用

E.变动管理费用

4.在下列项目中，能够决定保本点大小的因素有（　　）。

A.固定成本　　B.单位变动成本

C.销售量　　D.销售单价

E.目标利润

5.资金总量预测中，常用的定量分析方法有（　　）。

A.本量利分析法　　B.趋势预测分析法

C.回归分析法　　D.销售百分比法

E.编制现金预算法

6.短期经营决策必须考虑的重要因素有（　　）。

A.相关收入　　B.相关成本

C.通货膨胀补偿价值　　D.时间价值

E.风险价值

7.下列属于长期投资决策动态评价指标的有（　　）。

A.原始投资回收率　　B.会计收益率

C.净现值　　D.净现值率

E.内部收益率

8.影响直接人工预算的因素有（　　）。

A.预计生产量　　B.单位产品工时定额

C.小时工资率　　D.预计销售量

E.预计采购量

9.按照二因素分析法，可将固定制造费用差异分为（　　）。

A.预算差异　　B.分配率差异

C.能量差异　　D.能力差异

10.评价和考核投资中心工作成绩的指标有（　　）。

A.投资报酬率　　B.销售利润率

C.贡献毛益　　D.剩余收益

E.成本降低率

三、判断题（每小题1分，共10分）

1.我国管理会计形成和发展大致分为执行性管理会计阶段和决策性管理会计阶段。（　　）

2.广告费、职工培训费属于约束性固定成本。（　　）

3.变动成本法下的产品成本就是变动成本。（　　）

4.若单价和单位变动成本同方向、同比例变动，则保本量不变。（　　）

5.当销售量呈明显上升趋势或下降趋势时，企业仍可采用平均法进行销售预测。（　　）

6.在短期经营决策中，所有的固定成本都是沉没成本。（　　）

7.经营期现金净流量就是经营现金净流量。（　　）

8.生产预算是编制预算的关键和起点。（　　）

9.用量差异是指实际用量与标准用量的差乘以标准价格。（　　）

10.平衡计分卡是一项综合绩效考评方法，它不仅考评财务指标，而且考评非财务指标。（　　）

四、名词解释（每小题3分，共9分）

1.决策会计　　2.保本分析法

3.预算管理

五、简答题（每小题8分，共16分）

1.变动成本法与完全成本法有何区别？

2.平衡计分卡包括哪些基本内容？

六、业务题（4个小题，共45分）

1.（10分）假设某企业生产和销售单一产品。该产品单价为80元/件，单位变动成本为50元/件，固定成本总额为60 000元，预计正常销售量为5 000件。

要求：(1) 计算保本点销售量。

(2) 计算保本点销售额。

(3) 计算变动成本率。

(4) 计算安全边际率。

(5) 计算营业利润。

2.（10分）某企业每年耗用甲材料720千克，该材料的单位采购成本为20元/千克，单位储存成本为4元/千克，平均每次进货费用为40元。

要求：(1) 计算经济进货批量。

(2) 计算相关最低总成本。

(3) 计算经济进货批量平均占用资金。

(4) 计算年最佳进货批次。

3.（15分）某公司拟购买一台自动化设备，价款为126 000元。该设备可使用6年，期满有残值6 000元，每年可使企业获利12 000元，按直线法计提折旧。假设该公司的资本成本为14%。

要求：(1) 计算各年现金净流量。

(2) 计算净现值。

(3) 计算内部收益率。

(4) 评价该方案是否可行。

期数为6年的年金现值系数和复利现值系数见表1。

表1 期数为6年的年金现值系数和复利现值系数表

折现率	12%	14%	16%	18%
年金现值系数	4.111	3.889	3.685	3.498
复利现值系数	0.507	0.456	0.410	0.370

4.（10分）日光公司某经营部的经营业绩资料如下：经营资产为200 000元，息税前利润为50 000元，规定的投资报酬率为16%。

要求：(1) 计算该经营部的投资报酬率。

(2) 计算该经营部的剩余利润。

（3）假设该经营部正在研究某一投资方案，该方案预计投资报酬率为20%。如果以投资报酬率为取舍标准，那么经营部经理是否应进行投资？如果以剩余利润为标准，那么该经理又该如何处理？

新编管理会计学模拟试题二

题　号	一	二	三	四	五	六	总　分
各题分数	10	10	10	10	16	44	100
实得分数							

一、单项选择题（每小题1分，共10分）

1.在执行性管理会计体系中没有得到应有反映的是（　　）。

A.标准成本　　B.预算控制

C.差异分析　　D.企业与外界的关系

2.将全部成本分为变动成本、固定成本和混合成本的分类依据是（　　）。

A.成本的经济用途　　B.成本的性态

C.成本的功能　　D.成本管理目标

3.在变动成本法下，不计入产品成本的是（　　）。

A.直接材料　　B.直接人工

C.变动制造费用　　D.固定制造费用

4.某企业只生产一种产品，该产品的贡献毛益率为65%，本期销售额为200 000元，营业利润为100 000元，则固定成本为（　　）。

A. 130 000元　　B.100 000元

C.70 000元　　D.30 000元

5.某企业本年取得销售收入200万元、利润30万元，预计次年可实现销售收入300万元。利用销售利润率法预测次年利润为（　　）。

A.45万元　　B.15万元

C.90万元　　D.无法预计

6.某企业全年需要甲材料240吨，每次进货成本为40元，每吨材料的年储存成本为12元，则每年的最佳进货次数为（　　）。

A.3次　　B.4次

C.6次　　D.9次

7. 当净现值为正数时，现值指数（　　）。

A. 大于1　　B. 小于1

C. 等于1　　D. 小于0

8. 编制预算的关键和起点是（　　）。

A. 生产预算　　B. 销售预算

C. 产品成本预算　　D. 财务预算

9. 某企业本期生产领用甲材料，实际用量为2 000千克，标准用量为1 900千克，实际单价为2.20元/千克，标准单价为2元/千克，则材料价格差异为（　　）。

A. 有利差异400元　　B. 不利差异400元

C. 有利差异380元　　D. 不利差异380元

10. 成本中心的成本是指（　　）。

A. 产品成本　　B. 目标成本

C. 责任成本　　D. 期间成本

二、多项选择题（每小题1分，共10分）

1. 管理会计的职能包括（　　）。

A. 预测经济前景　　B. 参与经济决策

C. 规划经济目标　　D. 控制经济过程

E. 考评经营业绩

2. 在相关范围内，属于固定成本特点的有（　　）。

A. 固定成本总额的不变性　　B. 固定成本总额的正比例变动性

C. 单位固定成本的不变性　　D. 单位固定成本的正比例变动性

E. 单位固定成本的反比例变动性

3. 变动成本法与完全成本法的主要区别有（　　）。

A. 应用的前提条件不同　　B. 产品成本及期间成本的构成内容不同

C. 提供的信息用途不同　　D. 分期营业利润的计算程序不同

E. 各期的营业利润不同

4. 当企业处于保本状态时，就意味着（　　）。

A. 总收入=总成本　　B. 利润=0

C. 贡献毛益=固定成本　　D. 贡献毛益<固定成本

E. 变动成本=销售收入-固定成本

5. 预测分析的基本内容包括（　　）。

A. 销售预测　　B. 成本预测

C. 利润预测　　D. 资金预测

E. 负债预测

6. 按投资决策条件的肯定程度，可将决策分为（　　）。

A. 短期投资决策　　B. 长期投资决策

C.确定型投资决策　　D.风险型投资决策

E.不确定型投资决策

7.下列属于长期投资决策动态评价指标的有（　　）。

A.现值指数　　B.年均净现值

C.净现值　　D.净现值率

E.内部收益率

8.预算管理的内容包括（　　）。

A.经营预算　　B.财务预算

C.基建预算　　D.对外投资预算

E.资本支出预算

9.影响变动制造费用效率差异的因素有（　　）。

A.实际工时　　B.标准工时

C.实际分配率　　D.标准分配率

E.实际产量

10.为了计算责任成本，必须把成本划分为（　　）。

A.可控成本　　B.不可控成本

C.可避免成本　　D.不可避免成本

E.边际成本

三、判断题（每小题1分，共10分）

1.管理会计的新内容是对传统管理会计的否定。（　　）

2.成本性态分析最终将全部成本区分为固定成本、变动成本和混合成本三部分。（　　）

3.按变动成本法和完全成本法计算的营业利润不可能相等。（　　）

4.贡献毛益率和变动成本率此增彼减，其和固定不变。（　　）

5.定性分析法与定量分析法在实际应用中是互相排斥的。（　　）

6.在经济订货量的基本模型中，订货成本与储存成本相等时的业务量就是经济订货量。（　　）

7.回收额属于经营期现金净流量。（　　）

8.编制生产预算时的预计生产量就是预计销售量。（　　）

9.实际成本大于标准成本的差异称为有利差异。（　　）

10.责任成本是指成本中心的各项可控成本之和。（　　）

四、填空题（每空0.5分，共10分）

1.管理会计的内容从会计的角度可以分为（　　）和（　　）两类。

2.广义的成本是指为达到特定目的，（　　）、（　　）或可能发生的，可用货币单位加以计量的价值牺牲。

3.在保本点的敏感性分析中，临界值对销售量和单价而言是（　　）允许值，对单位变动成本和固定成本而言是（ ）允许值。

4.预测分析的具体方法很多，基本上可以归为以下两类：（ ）与（ ）。

5.短期投资决策必须考虑的重要因素有（ ）、（ ）。

6.影响长期投资决策的三大因素是：折现率、（ ）和（ ）。

7.财务预算是指与现金收支、（ ）和（ ）有关的各项预算。

8.直接材料、直接人工和变动制造费用的成本差异又分为（ ）和（ ）。

9.作业成本管理是指以作业为核心，以资源流动为线索，以成本动因为媒介，（ ）与（ ）相结合的全面成本管理制度。

10.投资中心的绩效考评指标主要有（ ）和（ ）。

五、简答题（每小题8分，共16分）

1.成本性态分析有何作用？

2.平衡计分卡的平衡体现在哪几个方面？

六、业务题（4个小题，共44分）

1.（10分）假设某公司的成本资料如下：销售单价为20元/件，单位变动成本为14元/件，固定成本总额为792 000元，本年销售产品160 000件。

要求：（1）计算本年实现的利润。

（2）计算保本点销售量。

（3）计算保本点销售额。

（4）计算安全边际额。

（5）如果该公司的目标利润为180 000元，试计算保利点销售量。

2.（10分）某企业每年需用某零件200 000件。该零件原来由金工车间加工，单位变动成本为6元/件，固定成本为300 000元。如果安排从外部采购，每件单价为8元/件，同时可利用剩余生产能力加工K部件，从而可节约外购成本200 000元。

要求：作出自制还是外购零件的决策。

3.（14分）某公司需购置一台设备，有A、B两个方案可供选择，其经济寿命均为3年。A、B方案各年的现金净流量见表1。

表1 A、B方案各年的现金净流量 单位：元

年　数	0	1	2	3
A方案	-100 000	42 000	42 000	42 000
B方案	-60 000	35 000	20 000	18 000

假定公司要求的必要报酬率为10%。

要求：（1）分别计算A、B方案的净现值。

（2）分别计算A、B方案的现值指数（保留到小数点后4位）。

（3）就选择哪个方案进行决策。

折现率为10%的年金现值系数和复利现值系数表见表2。

表2　折现率为10%的年金现值系数和复利现值系数表

年　数	0	1	2	3
年金现值系数	1	0.909	1.736	2.487
复利现值系数	1	0.909	0.826	0.751

4.（10分）中盛公司生产甲产品需使用一种直接材料A。该公司本期生产甲产品1 000件，耗用A材料9 000千克。A材料的实际价格为每千克200元。假设A材料的标准价格为每千克205元，单位产品的标准用量为10千克/件。

要求：试计算材料价格差异、用量差异及总差异。

新编管理会计学模拟试题一参考答案

一、单项选择题（每小题1分，共10分）

题号	1	2	3	4	5	6	7	8	9	10
选项	B	C	B	A	A	B	A	C	D	D

二、多项选择题（每小题1分，共10分）

题号	1	2	3	4	5	6	7	8	9	10
选项	ABC	BC	ABCDE	ABD	CDE	AB	CDE	ABC	AC	AD

三、判断题（每小题1分，共10分）

题号	1	2	3	4	5	6	7	8	9	10
选项	×	×	×	×	×	×	×	×	√	√

四、名词解释（每小题3分，共9分）

1.决策会计是指在管理会计系统中侧重于发挥预测经营前景和参与经济决策职能的最具有能动作用的会计子系统。它处于管理会计的核心地位，又是现代管理会计形成的关键标志之一。

2.保本分析法就是研究企业恰好处于保本状态时本量利关系的一种定量分析方法。

3.预算管理是指企业以战略目标为导向，通过对未来一定期间内的经营活动和相应的财务结果进行全面规划和筹划，科学、合理配置企业各种财务及非财务资源，按照预算编制、预算协调、预算控制、预算考评等程序，有效地组织企业生产经营活动，进而推动实现企业战略目标的管理活动。

五、简答题（每小题8分，共16分）

1.变动成本法与完全成本法有何区别?

答：(1) 应用的前提条件不同。

(2) 产品成本及期间成本的构成内容不同。(4分)

(3) 提供的信息用途不同。

（4）分期营业利润的计算程序不同。（4分）

2.平衡计分卡包括哪些基本内容？

答：（1）财务方面：我们怎样为股东创造财富？

（2）顾客方面：我们怎样满足顾客需求？（4分）

（3）内部业务流程方面：我们必须擅长什么？

（4）学习与成长方面：如何创造并提高企业价值？（4分）

六、业务题（4个小题，共45分）

1.解：

（1）保本点销售量 $x_0=\frac{60\ 000}{80-50}=2\ 000$（件）（2分）

（2）保本点销售额 $s_0=80\times 2\ 000=160\ 000$（元）（2分）

（3）变动成本率 $bR=50\div 80\times 100\%=62.5\%$（2分）

（4）安全边际率 $dR=\frac{5\ 000-2\ 000}{5\ 000}\times 100\%=60\%$（2分）

（5）营业利润 $\pi=(80-50)\times 5\ 000-60\ 000=90\ 000$（元）（2分）

2.解：

（1）经济进货批量 $Q^*=\sqrt{\frac{2\times 720\times 40}{4}}=120$（千克）（4分）

（2）相关最低总成本 $T(Q^*)=120\times 4=480$（元）（2分）

（3）经济进货批量平均占用资金 $=120\div 2\times 20=1\ 200$（元）（2分）

（4）年最佳进货批次 $N^*=\frac{7\ 200}{1\ 200}=6$（次）　（2分）

3.解：

（1）年折旧额 =（126 000−6 000）÷6=20 000（元）

$NCF_0=-126\ 000$元

$NCF_{1\sim5}=12\ 000+20\ 000=32\ 000$（元）

$NCF_6=32\ 000+6\ 000=38\ 000$（元）　（3分）

（2）NPV=32 000×（P/A，14%，6）+6 000×（P/F，14%，6）−126 000

=32 000×3.889+6 000×0.456−126 000

=1 184（元）　（4分）

（3）设 NPV（r）=32 000×（P/A，r，6）+6 000×（P/F，r，6）−126 000

NPV（14%）=1 184元>0

NPV（16%）=32 000×（P/A，16%，6）+6 000×（P/F，16%，6）−126 000

=32 000×3.685+6 000×0.410−126 000

=−5 620（元）

$$\left.\begin{array}{l} r \\ 14\% \\ IRR \\ 16\% \end{array}\right\} \quad \left.\begin{array}{l} NPV \\ 1\,184 \\ 0 \\ -5\,620 \end{array}\right\}$$

$$IRR=14\%+\frac{1\,184}{1\,184+5\,620}\times(16\%-14\%)=14.35\%$$（6分）

（4）因为该方案净现值为1 184元，大于零，内部收益率为14.35%，大于14%，所以无论从效果上，还是从效率上看，该方案都可行。（2分）

4.解：

（1）投资报酬率=50 000÷200 000×100%=25%（3分）

（2）剩余利润=50 000−200 000×16%=18 000（元）

或　　　　=200 000×（25%−16%）=18 000（元）（3分）

（3）如果以投资报酬率为标准，那么经营部经理不能接受该项投资，因为预计投资报酬率20%低于该经营部的投资报酬率25%。（2分）

如果以剩余利润为标准，那么经营部经理应接受该投资，因为预计投资报酬率20%高于规定的投资报酬率16%。（2分）

新编管理会计学模拟试题二参考答案

一、单项选择题（每小题1分，共10分）

题号	1	2	3	4	5	6	7	8	9	10
选项	D	B	D	D	A	C	A	B	B	C

二、多项选择题（每小题1分，共10分）

题号	1	2	3	4	5	6	7	8	9	10
选项	ABCDE	AE	ABCD	ABCE	ABCD	CDE	ABCDE	ABE	ABD	AB

三、判断题（每小题1分，共10分）

题号	1	2	3	4	5	6	7	8	9	10
选项	×	×	×	√	×	√	√	×	×	√

四、填空题（每空0.5分，共10分）

1.执行会计　决策会计
2.已经发生　将要发生
3.最小　最大
4.定量分析法　定性分析法
5.相关收入　相关成本
6.项目计算期　现金净流量
7.经营成果　财务状况
8.价格差异　用量差异
9.作业成本计算　作业成本管理
10.投资报酬率　剩余收益

五、简答题（每小题8分，共16分）

1.成本性态分析有何作用?

答：（1）为应用变动成本法奠定基础。

（2）为开展本量利分析奠定基础。

（3）为进行短期经营决策奠定基础。　（4分）

（4）为编制全面预算奠定基础。

（5）为制定标准成本奠定基础。

（6）为落实责任会计奠定基础。　（4分）

2.平衡计分卡的平衡体现在哪几个方面？

答：（1）过去、现在、未来的平衡。

（2）短期与长期的平衡。（4分）

（3）内部与外部的平衡。

（4）结果与动因的平衡。（4分）

六、业务题（4个小题，共44分）

1.解：

（1）利润 π=（20−14）×160 000−792 000=168 000（元）（2分）

（2）保本点销售量 $x_0=\dfrac{792\ 000}{20-14}$=132 000（件）（2分）

（3）保本点销售额 S_0=20×132 000=2 640 000（元）（2分）

（4）安全边际额=20×160 000−2 640 000=560 000（元）（2分）

（5）保利点销售量 $x=\dfrac{180\ 000+792\ 000}{20-14}$=162 000（件）（2分）

2.解：

自制相关成本=6×200 000+200 000=1 400 000（元）（4分）

外购相关成本=8×200 000=1 600 000（元）（4分）

自制比外购节约200 000元（1 600 000−1 400 000），故应自制。（2分）

3.解：

（1）NPV_A=−100 000+42 000×2.487=4 454（元）（3分）

NPV_B=−60 000+35 000×0.909+20 000×0.826+18 000×0.751

=1 853（元）（4分）

（2）PI_A=104 454÷100 000=1.0445（3分）

PI_B=61 853÷60 000=1.0309（3分）

（3）因为 $NPV_A>NPV_B$，$PI_A>PI_B$，所以无论从效果上还是从效率上看，A方案都优于B方案，因此应选择A方案。（1分）

4.解：

价格差异=（200−205）×9 000=−45 000（元）（有利差异）（4分）

用量差异=（9 000−1 000×10）×205=−205 000（元）（有利差异）（4分）

总差异=9 000×200−1 000×10×205=−250 000（元）（有利差异）（2分）

或=−45 000+（−205 000）=−250 000（元）